人との出会いが、路をつくる

国内外で口腔病理学の研究と
教育に没頭した44年間の回想録

愛知学院大学名誉教授
亀山洋一郎

RIGHTING BOOKS

はじめに

私が東京医科歯科大学（現・東京科学大学）に入学した1950年代、歯学部がある国立大学は東京と大阪の2校しかなく、歯科医師の数はたいへん不足していました。「北海道には歯科医院が2軒しかなかった」と言えば、イメージできるでしょうか。

そのような時代背景や、開業歯科医師だった父の影響もあり、大学院で歯周病について学びを深めた後、私は自分の歯科医院を開業するつもりでした。しかし、多くの偶然と幸運に恵まれて、アメリカのアラバマ大学への2年間の留学、さらにカナダのマニトバ大学での約7年間の教育・研究生活を経て、最後には愛知学院大学の歯学部で30年にわたり、歯科医師を目指す多くの学生の教育に携わらせていただきました。

2024年12月で米寿を迎えましたが、これまで自伝の出版など、一度も考えたことはありませんでした。

きっかけは、次男の勧めです。

自分の人生を本にする必要性があるのかと疑問に思い、渋っていると、次男は「必要性はある」と、その理由を説明してくれました。

次男の息子、つまり私の孫が昨年（2023年）、歯学部に入学しました。学生や教員との会話の中で、何かの拍子に私の名前が出たり、私の大学院生時代や、愛知学院大学で教鞭をとっていた頃のエピソードを、たびたび耳にしているとのことでした。

私が大学院での学びを修了した後、全国の大学で歯学部が誕生し、東日本の歯学部には主に東京医科歯科大学の教授が異動していきました。また、愛知学院大学歯学部の卒業生のうち、別の大学に教職として就任した人もいました。そのため、私の噂があちこちに広まったのかもしれません。

そのため次男は「子孫のため、そして歯学の道を選んだ学生のためにも、伝記を残すべきだ」と考えたのです。はじめは興味がなかった私も、次男の熱意ある説得に、次第にその気になっていき、ついに筆をとることにしました。

本書では、私の専門分野である口腔病理学については、ほとんど語りません。あくまで、私が歩んできた人生の記録として綴ってまいります。すでに記憶から抜けてしまった出来事も多々ありますが、読者の皆様の、何かの参考になれば幸いです。

目次

第4章　マニトバ大学での教育・研究の日々

第5章　愛知学院大学での30年間を振り返って

第1章　幼少期から学生時代の記憶

昭和20年の大空襲

子どもの頃の記憶で最も鮮明に思い出せるのは、9歳のときに体験した大空襲です。

父は歯科医師で、東京都大田区で開業していました。大森駅からバスに乗り、臼田《うすだ》坂を登った先にある場所です。自宅もその近くにあり、母と私、2人の妹が暮らしていました。上の妹は6歳、下の妹はまだ赤ん坊でした。

庭には、家族で掘った小さな防空壕がありました。空襲警報が鳴ればその穴に入って、洗濯板を蓋にして隠れるのです。幼かった私だけでなく、家族や近所の大人たちも、なぜか、そのような粗末な防空壕で安全を確保できると考えていました。心のどこかで「この町が狙われることはない、大丈夫」と、思い込んでいたようです。

小学校に通っている子どもたちを周辺の農村部に集団で疎開させる「学童疎開」はすでに実施されていましたが、そのような思い込みもあってか両親は私と妹は疎開させず、家族一緒に暮らしていました。

しかし、1945年（昭和20年）3月10日未明。

東京大空襲が起きました。

約300機ものアメリカ軍爆撃機・B29が飛来し、深川や浅草などの下町地域（現在の台東・墨田・江東区のあたり）に対して、超低空からのじゅうたん爆撃と大量の焼夷弾投下を実行。木造家屋が密集する下町地域は火の海となり、死者約１０万人、負傷者約４万人もの甚大な被害を出しました。

２０キロメートル近く離れた自宅からも、真っ赤に染まる空が見えました。その光景を目にしたときに初めて、それまで感じていた「大丈夫」が急に揺らぐような、なんとも言えない不安を覚えました。

そして、約2週間後の4月15日の夜。

多くの軍需工場が立ち並ぶ大森地区の湾岸地域に、大規模な攻撃が行われました。爆撃音が響く中、表通りに出た父が見たのは、大勢の人たちが湾岸地域から内陸部へと必死に走って行く光景でした。

「ここにいては私たちも危険だ、すぐに逃げよう」

父の判断は迅速かつ的確でした。行き先は、大森と蒲田の境目にある池上本門寺です。境内には山肌を掘って作られた大きな防空壕があるため、近所の人たちも皆そこに向かっていました。大勢の人々が混乱とともに駆けていく道中、母は生後8カ月の次女を背負い、妹の手を引いて、私にも何度も声をかけてくれました。そのおかげで一人もはぐれることなく、池上本門寺までたどり着くことができたのです。

防空壕の中は広いものの薄暗く、何十人もの人たちが家族ごとに身を寄せ合い、ゴツゴツした地面に座っていました。

私たちが避難して間もなく、遠かった爆撃音がどんどん近づいてきました。ついには「この寺が攻撃されている」とわかるくらい、恐ろしい破壊音が防空壕の中まで鳴り響き、地面が揺れました。私は恐怖で泣きそうになりましたが、父にしがみついて耐えました。

この大森・蒲田地区への大爆撃は、数時間にわたり続きました。

翌朝、防空壕を出ると、寺の建物はほとんどが焼かれていました。生まれ育った町も、完全に焼失していました。爆弾だけではなく、大量の焼夷弾も投下されたそうです。

私たちのように池上本門寺の近くの防空壕に避難した人たちは助かりましたが、逃げ遅れて亡くなった人も大勢いました。父の判断が、家族を救ってくれたのです。

疎開先、鴻巣での日々

自宅も歯科医院も燃えてしまい、私たち家族は住む場所がなくなってしまいました。しかし幸いにも、同じ大森地区にある叔母の家は火災を免れて残っていたため、一時的に身を寄せることができました。間もなく近所に住んでいた母方の祖父母もやってきて、一緒に避難しました。

その間、父は何人もの親戚に連絡を取っていました。数日後、埼玉県鴻巣市に住む知人が、私たちと祖父母を受け入れてくれることになりました。

長期間の滞在になるため、一度自宅があった場所に戻り、わずかに焼け残っていた家財道具を大八車に乗せて持っていくことにしました。父が車を引き、私が後ろから押して、鴻巣市を目指して歩き出しました。車なら2時間程度の距離ですが、徒歩では１５時間以上かかります。ようやく知人の家に到着したときには、全員が疲れ果ててクタクタになっていました。

ひと息ついてすぐに、父は「東京に戻る」と言い出しました。

「友人の歯科医院で雇ってもらえることになった。東京で、また家族みんなで生活できるように準備してくる」

このとき、自分が父とどのような会話をしたのかは、覚えていません。東京が再び攻撃されるのではないかという不安や、父と離れたくないという気持ちはありました。しかし、いつまでも伯父の家にはいられないこと、父が東京で生活の基盤を整える必要があることは、幼いながら漠然と理解できました。

父が東京で頑張っている間、自分は長男として家族を守っていこう。父を見送る時、私の胸にはそのような決意があったように思います。

鴻巣での日々を思い出したとき、とくに印象に残っているのは、隣の米屋に通ったことです。バケツを持って米をもらいに行くと、米粒と一緒に、黒くて細かい燃えかすがたくさん入っていました。炊く前には、それを全て取り除かなくてはいけません。根気が必要な大変な作業だったことを、よく覚えています。

東京と違い、地方の人々の生活はとても貧しいものでした。鴻巣の国民学校（小学校）に通う子どもたちは下駄や草履を持っていないため、みんな裸足で登校していました。廊下や床を汚さないよう、校舎の入り口にある水場で足を洗ってから教室に向かうのです。私も、そのようにして登校していました。

モノがない環境で、どうにか生活を続けていく。その大変さは皆同じでしたから、ガマンできました。

つらかったのは、「東京者」という理由で、いじめの標的にされたことです。

ある日、いつものように登校すると、学校の前で待ち構えていた数人の子どもたちが、私に殴りかかってきました。私が自衛のために殴り返すと、そのうちの一人が村長の息子で、村長は「うちの子を殴った乱暴な奴だ」と、村の人たちに吹聴しました。

「先に殴りかかってきたのは村長の息子なのに、どうして自分が悪く言われなきゃいけないんだ」

そう訴えたかったのですが、口に出すと自分の立場がさらに悪くなることも理解できたため、ぐっと飲み込みました。

「東京者」が標的にされたのは、疎開先の村だけではありません。髪を切るために、隣町の床屋に行ったときのことです。

散髪が終わって店を出ると、村へと続く道の入り口に、長い棒を持って立っている少年たちがいました。私はぞっとして、急いで床屋に戻って店主のおじさんに相談しました。私が東京出身だと知っても優しく接してくれたからです。営業時間であったにもかかわらず、おじさんはいったん店を閉めて、私を村まで送ってくれました。

そんなふうに、親切にしてくれる人もいました。誰も彼もが敵だったわけではありません。私の家族を受け入れてくれた伯父さんも、暴力を振るったりはしませんでした。生活の場として与えられたのは馬小屋でしたが、焼け野原になった東京で食べ物もなく野宿するよりは、はるかに安全でした。

しかし、子どもだった自分には、いつ、誰に暴力を振るわれるかわからない状況は、とても恐ろしいものでした。上の妹も、理不尽な仕打ちにつらい思いをしていたはずですが、よく耐えていたと思います。

早く東京に帰りたい。毎夜、そう願いながら眠りました。

誤解してほしくないのですが、鴻巣の人たちが特に意地悪だったわけではありません。当時、東京から地方に疎開した人たちは、多かれ少なかれ「東京者」と呼ばれて、いじめられていたそうです。現代よりもずっと、都心と地方ではさまざまな面で格差があったため、東京の人間に対する妬みが大きかったのでしょう。

そんな人々に対して、当時の私は思うところがたくさんありました。ですが、こうして振り返ってみると、誰が悪いというわけではなく、ただ「そういう時代だったんだ」と感じるのみです。

空襲から４カ月後の８月１４日、戦争は終わりました。

さらに２カ月くらい経ってから、私たちも東京に戻ることができました。母の実家がある練馬区で少し過ごした後、生まれ育った大田区大森地域の近く、馬込に移りました。

この時代、空襲に遭った人たちの多くは、住居を転々としていました。家族で落ち着ける環境を半年で整えてくれた父には、感謝しかありません。

歯科医師になるため、国立大学の歯学部を目指す

父は友人の歯科医院の手伝いでお金を貯めて、自分の歯科医院を開業しました。ただし、場所は叔母の家（私たちが鴻巣に疎開する前に数日間お世話になった家）の、使用していなかった応接間。そこを借りて、歯科治療ができるように改造したのです。

治療に必要な機械や器具などは、知り合いの歯科医師から譲ってもらったそうです。また、顔見知りの歯科材料屋にも、さまざまなアイテムを後払いで用意してもらっていました。たくさんの人に助けてもらいながら、父はなんとか自身の歯科医院を復活させ、再スタートしたのです。

しかし、患者数は少なく、貧乏経営でした。

終戦直後は誰も彼もが生きるだけで精一杯で、必死でした。歯が痛くなっても「もうこれ以上はガマンできない！」という状態になるまで、歯医者に足を向けることはなかったのです。

特に小児歯科に来る子どもの歯は、みな「味噌っ歯」でした。現代では、あまり使わない言葉かもしれません。乳歯が虫歯のために黒く変色し、口を開けたり笑ったりしたときに目立ってしまう状態です。

そうした子どもの乳歯は、1本や2本ではなく、すべて虫歯でした。親が忙しく、子どもがぐずったり駄々をこねたりすると、ひとまずお菓子を与えて「これでも食べて大人しくしてなさい」と、やりすごしていたのです。おやつの時間を決めたり、食べた後に歯磨きをさせたりする余裕がなかったため、子どもの口の中は常に汚れている状態でした。

そのような中でも決して悲観することなく、父は患者さんと真剣に向き合い、治療を続けました。そうして、私と3人の妹（終戦後、もう一人生まれました）を養ってくれたのです。

私が東京医科歯科大学（現・東京科学大学）の歯学部に進学したのは、父が歯科医師であり、ずっと父の仕事を手伝っていためでした。

当時はまだ歯科技工士の資格が存在せず、入れ歯やブリッジなどはすべて歯科医院で製作していました。私も中学生くらいには、父から作り方を教わり、入れ歯を何本も製作していました。それが日常だったため、自分が歯科医師以外の職に就くイメージが描けなかったのです。

自分は歯科医師になって、開業する。

当たり前のように、そう決めていました。

ですが、今の私は開業医ではなく、歯学の教育者であり、研究者です。私をこの道へと誘った重要な要素の一つが、英語でした。

大学のＥＳＳ部で語学力を鍛える

私は中学生のとき、英語が苦手でした。高校入試の受験科目には英語がなく、学校も英語教育に力を入れていなかったため、あまり真面目に勉強をしていなかったのです。

ところが、高校の英語の先生はとても教育熱心で厳しい人でした。成績が悪い生徒には補習を課して、一定の英語力が身につくまで勉強させました。

補習の対象になってしまった私は、そのとき初めて「やばい」と感じ、しっかり英語を勉強しなければと、心を入れ替えたのです。

まずは、NHKのラジオ英会話を始めました。毎朝欠かさず1日15分間、1年から3年まで継続してラジオを聞きました。それだけでは足りないと思い、通訳の人に個人的に英語の指導をお願いして、1年間、一生懸命勉強しました。

良い先生と良い教材に恵まれたおかげで、私の英語力はどんどん上がっていきました。それとともに英語が好きになり、大学進学後も自らESS部を立ち上げるほど「英語を学びたい、学び続けたい」というモチベーションが上がりました。

ESS部の活動は、非常に充実していました。なんと、アメリカ大使館の秘書であるマーガレット・キーン女史が「東京医科歯科大学の学生に英語を教えたい」と申し出てくださったのです。さらに、在日アメリカ軍立川基地の歯科軍医である、メルビン・コールマン大尉も協力してくださいました。そのためESS部の部員は毎週、本格的な英会話を教えてもらうことができたのです。

大学6年生のとき、このお二人が私の人生に大きな転機をもたらしてくれたのですが……その前に少し、当時の大学生活についてお話しをしましょう。

東京医科歯科大学での日々

歯科医師になると決めていた私の進学先は、当然、歯学部でした。

父の歯科医院は貧乏経営だったため、自力で学費を工面するために、私は国立大学の歯学部を狙うことにしました。そしてこの時代、歯学部がある国立大学は東京と大阪の２校のみで、そのうちの一つが東京医科歯科大学（現・東京科学大学）でした。

当時の東京医科歯科大学の年間授業料は９０００円、私立の日本大学歯学部の年間授業料は１５０万円でした。あまりピンとこないかもしれませんが、２０２３年度における東京医科歯科大学歯学部の年間授業料が６５万円と言えば、当時の１５０万円がどれほど高額か、ある程度はイメージできるでしょうか。

住み慣れた東京から離れたくなかったため、私の志望校は必然的に東京医科歯科大学のみに絞られました。入学者の定員は、毎年６０人。そこに１０００人近くの受験者が集まることから、当時は「日本一競争率が高い大学」とまで言われていました。

それでも、私はその大学に入るしかありません。必死に勉強し、合格を勝ち取りました。

入学後は、勉学の傍らにアルバイトをして、授業料を稼いでいました。医科歯科大学は非常に競争率が高い、つまり人気が高い大学であったため、そこに通う大学生に「家庭教師をしてほしい」というニーズが高かったのです。ありがたいことに、ひと月に3～4万円も稼ぐことができ、授業料の支払いが滞ることはありませんでした。

また、6年生の夏休みには、1カ月だけ北海道の千歳の歯科医院にアルバイトに行きました。そのころ、北海道には歯科医院が2軒しかありませんでした。そのうちの1軒を経営していた歯科医師が妊娠し、出産が近づくにつれて治療が困難になったため、手伝いが必要になったのです。他にも、静岡県御殿場市の歯科医院で、アルバイトとして治療に携わったこともあります。

本来、歯科医師の免許を持っていない学生は、患者さんの歯を治療できません。無資格での治療行為は、犯罪となります。しかし、当時は本当に歯科医師の数が少なかったため、やむを得ない状況でした。現代では年間2000人ほどの歯科医師が生まれていますが、昭和30年代は毎年100人ずつ程度しか増えなかったのです。

もちろん、バイトばかりしていたわけではありません。歯科医師になるべく、日々まじめに勉強をしていました。

１～２年生のときは大学の建物の一部が建設中だったため、教養科目のみ、千葉大学の稲毛の校舎で学んでいました。兵舎跡を改造した粗末な建物でしたが、千葉大学の他学部の学生との交流は楽しいものでした。

また、４年生から口腔病理学講座の山本肇助教授（当時）の研究を手伝っていました。そのきっかけとなったのは、英語でした。

ある授業で、英文で書かれた口腔病理学の本を勧められました。私はその本を夏休み中に読もうと思い、図書館に借りに行きましたが「その本は、ここにはありませんが、口腔病理学講座にあります」と言われました。

その足で口腔病理学講座の教室に向かうと、対応してくださった山本助教授は、こうおっしゃいました。

「本を貸すのは構わないが、読むだけではダメだ。研究を手伝ってみなさい」

このときの山本助教授の研究対象は、口の中のがん――舌がんでした。実験用マウスの舌に傷をつけて、発がん剤を塗布し、経過を観察することで舌がん発症のメカニズムを明らかにしようとしていたのです。

それ以来、私は歯学部生としてのカリキュラムをこなしつつ、口腔病理学講座にも通って研究の手伝いをするようになりました。すると、山本助教授から「卒業後は大学院に進学して、口腔病理学講座に来なさい」とお誘いをいただき、大学院進学を視野に入れるようになりました。

このときはまだ、研究者になるつもりはありませんでした。歯科医師の免許を取り、歯周病学を勉強して、修了した後は開業医になる予定だったのです。

アメリカ・アラバマ大学への留学が決定

大学6年生になると、大学院進学を決意する一方で「アメリカの大学で歯周病について勉強したい」という気持ちも膨らんでいきました。私だけではなく、ＥＳＳ部の部員はほぼ全員「一度は海外の大学に行きたい」と思っていました。

現在はどの大学でも海外留学プログラムが整備されていますが、当時はそのような制度はありません。海外留学をするなら、どの国のどの大学に目的の講座があり、留学生を募集しているか否かを自力で調べて、申請書を送る必要がありました。

私は歯周病学講座があり、インターン・レジデント（研修医）を募集しているアメリカの大学を調べて、６校に申請書を送りました。このとき、英会話を教えてくれていたマーガレット・キーン女史とメルビン・コールマン大尉が推薦状を書いてくださったため、それを添えて提出しました。

しかし、どの大学からも返事が来ないまま、卒業の日を迎えました。

私は少し気落ちしつつも、予定どおり東京医科歯科大学大学院の歯学研究科に入学。口腔病理学講座で歯周病の研究を始めました。

ところが5月、アラバマ大学の歯周学講座から通知が届きました。

「8月1日から2年間、年俸３０００ドルの給与で、インターン・レジデントとして採用する」（※当時は３６０円／ドル）

私は慌てて、担当教授に相談をしました。教授は少しだけ渋い表情を見せた後、２年間の休学を許可して下さいました。

アラバマ大学歯学部歯周学講座のインターン・レジデントの採用枠は、毎年2名。この年に採用されたのは私と、もう一人はテキサス州にある私立大学、ベイラー大学歯学部出身のアメリカ人でした。

後から知ったことですが、この年はアメリカ国内から約60人もの応募があり、非常に狭き門でした。そこを通過できたのは、キーン女史とコールマン大尉の推薦状が大きく後押ししてくれたおかげだと、いまも深く感謝しています。

アメリカ大使館の試験に合格し、渡航費用を確保

幸運にも海外留学が叶ったものの、クリアすべき大きな課題がありました。

パスポートの発行です。

当時は外務省のみが行っており、面接を受けて合格しなければ、発行してもらえませんでした。

面接では、渡航費用と滞在費について質問されます。まだ日本経済が立ち直っていないことから、日本円の海外流出を防ぐために、両替が厳しく制限されていました。渡航先か

ら支給される場合はすぐにパスポートを発行してもらえますが、自費で海外に支払うのであれば、何年も待たされる可能性がありました。

私の場合、滞在費は大学が給与として出してくれますが、渡航費は含まれていません。どうすべきかと悩んでいると、私と同じようにアメリカ留学の準備をしていた同級生が「どうした？」と、声をかけてくれました。

「パスポートを発行してもらうための渡航費か。それなら、アメリカ大使館が実施している旅費の支給制度が使えるんじゃないか。試験に合格すれば、アメリカに向かう船の乗船料がもらえるらしい。ちょうどいま、その試験の申請書を持っているんだけど、自分は使わないからあげるよ」

持つべきものは友、とはまさにこのことです。さっそく申請書に記入し、赤坂にあるアメリカ大使館に提出しました。試験は、十分な英語力があるかどうかを確かめる内容であったため難なくクリア。後日、合格通知が届きました。

この試験の合格者は私を含めて５名で、渡航前にアメリカ大使公邸のパーティに招待されました。当時のアメリカ大使はエドウィン・Ｏ・ライシャワー氏、奥様はハル・ライシャワー夫人（日本人）です。お二人は公邸の玄関で私たちを迎えてくださり、握手をしてくれました。豪奢な建物と心づくしの歓待に、アメリカという国の懐の広さや大きさを感じ、期待に胸が弾んだことをよく覚えています。

渡航費を確保できたおかげで、パスポートは問題なく発行されました。そのパスポートを持って日本銀行に行き、円をドルに替えてもらいました。このころは、外貨両替ができるのは日本銀行だけだったのです。また、個人が両替できるのは150ドルまででした。両替の内容はパスポートに記載され、それ以上の両替はできない仕組みになっていました。

ロサンゼルスに到着！　そしてアラバマ州へ

アメリカ大使館から支給された渡航費は、10万円。これは商船三井の「さくら丸」に乗船することが条件でした。巡航見本市船（日本の工業製品を積んで世界各国の港を巡り、商品取引を行う見本市を開催する船）として造られながら、見本市の開催期間以外の時期は戦前から続く「南米への移民船」として稼働した、最後の一隻です。

出港の日は家族だけでなく、大勢の友人や親戚たちまでが、横浜港まで見送りに来てくれました。

学生が海外の大学に留学すること自体が、まだ珍しかった時代です。そうでなくとも、両親は私が東京医科歯科大学に入学し、大学院まで進んだことを誇りに思ってくれていました。そのうえさらにアメリカの大学で学ぶ機会まで得たのですから、殊更に喜び、あちこちに声をかけてくれたのです。

「いってらっしゃい！　どうか体に気をつけて！」

「向こうでも、がんばって！」

みな、期待に満ちた笑顔で、大きく手を振ってくれました。

２年間しっかりと学んで、その思いに応えてみせる。そう決意し、日本を離れました。

私たちに割り当てられたのは、三等客室でした。簡単にいえば船底にあたる部分の船倉です。快適とは言えない環境ですが、三等用の食堂、喫茶室、ラウンジなどが完備されていたことは幸いでした。横浜港からロサンゼルス到着までの１４日間、アメリカ大使館から渡航費用を支給された他の４人と、さまざまな話をして過ごすことができました。

そのうちの一人が、東京芝浦電気（東芝）に勤務していた深井純一郎氏です。彼は物理学の勉強のため、デンバー大学から奨学金をもらって留学するとのことでした。その後、物理学博士号を取得した彼は、アラバマ州のオーバーン大学で物理学の教授となり、36年間をアメリカで過ごして同大学の名誉教授にまでなりました。

1963年7月、さくら丸はついに、ロサンゼルス港に到着しました。船が入港していく光景を甲板から眺めていると、見知った顔を見つけました。推薦状を書いてくれた一人、コールマン氏です。軍隊をやめてロサンゼルスの病院に勤務していると聞いていたため、彼の姿を見かけた途端、

「ついに、アメリカに来たんだ」

と、強く実感しました。

下船は、一等客室の人から順番に案内されます。三等の私たちが船を降りるまで時間がかかりましたが、その間ずっと、喜びと期待で胸がどきどきしていました。

ロサンゼルスに到着してから3日間、私と深井氏はコールマン氏の厚意で彼の自宅に滞在させてもらい、ロサンゼルスを案内してもらいました。初めて目にする異国の都市の街並みに感激し、食事や生活習慣などの違いに驚くばかりで、あっという間に時間が過ぎていきました。

その後、私はアラバマ州のバーミングハムへ、深井氏はコロラド州のデンバーに向かうため、それぞれ長距離バス「グレイハウンドバス」に乗り、出発しました。

余談ですが、コールマン氏は在日中に日本人の女性とお付き合いをして、後に結婚されました。学生たちに英語を教えてくれたり、退職後も私たちに親切にしてくれたりしたのは、そうした経緯から日本人に深い親しみを抱いてくれていたからでしょう。本当に、ありがたいことでした。

第2章　アラバマ大学でインターン・レジデントとして過ごした2年間

1年目の苦労

昭和38年（1963年）8月、私の留学生活が始まりました。

当時のアラバマ大学の歯学部長は、口腔外科医のチャールズ・マッカラム教授。40歳前後という若さだったため、初めて会った時は講師と勘違いしそうになりました。のちに学長になり、その後バーミンガム郊外のベスティペアの市長になったと聞いています。

歯周病学教室の主任は、ウォレス・マン教授、そしてジェームズ・クラーク教授でした。

1年目は、午前中は各科のレジデントが集まった特別クラスで、小児歯科や口腔外科、矯正歯科、口腔内科、予防歯科などの講義を受けました。病理学と歯周病学だけは歯学部の4年生（日本の歯学部6年生にあたる）と同じ講義に出席し、日本人の私と、スコットランド人、キューバ人の3人のレジデントで、いつも一番後ろの席に座って授業を聞いていました。

講義はもちろん英語で行われます。日常会話なら不自由しない自信はありましたし、幸いにも歯学部の教授は北部出身の人が多かったため、聞き取りやすい英語を喋ってくれました。

午後は、アラバマ大学附属病院の歯周病患者を治療する臨床実習でした。開業医が非常

歯周病学教室主任のウォレス・マン教授と私

勤講師として教えてくれるため、極めて実践的でわかりやすい内容でした。

ただし、中には早口の先生や、訛りのある先生もいました。また、学生や患者さんの英語も、さまざまな特徴がありました。

とくに大変だったのは、臨床実習で歯学部の学生からカルテを引き継ぎ、患者さんの話を聞くことです。学生や患者さんのほとんどは南部の人だったため、南部訛りがあります。かなり集中して聞かなければ話の内容を理解できず、慣れるまで緊張しました。

また、カルテを読むのもひと苦労でした。なぜかアメリカ人の学生は、読みにくい独特の文字を書く――悪く言ってしまえば「字が汚い」人が多かったためです。その理由は、文字の書き方にありました。

私たちは親指・人差し指・中指の3本でペンを持ち、残りの指は添えるだけです。そして、ノートやカルテを机の上に置き、左から右にさらさらと書いていきます。

ところが、この頃のアメリカ人の学生は、ペンを握り込むように持ち、ノートやカルテは抱え込んで、左上から右下に向かってガリガリと書いていました。そのような書き方では、字の形が崩れるのは当然です。学生が書いたノートやカルテはとにかく読みづらく、初めの頃は解読に時間が必要でした。

こんなエピソードもあります。ある講義で、黒板に書かれた文字がまったく読めなかったことがありました。少数でしたが、先生の中にも悪筆の人はいたのです。

そこで私は、こう考えました。

「日本人の自分には読めなくとも、同じアメリカ人なら理解できているはずだ」

そして、同じ教室にいた学生に頼んで、ノートをコピーさせてもらいました。

余談ですが、私はこの時、生まれて初めて「コピー機」を使いました。当時の日本には薬品で加工した感光紙と書類を重ねて露光し、化学反応で複写する「青焼き複写機」しかありませんでした。普通の紙に複写ができるようになるのは、１９７０年代になってからです。

そのような先端技術を学生が気軽に使えることに、良い意味でカルチャーショックを受けた私は、ノートを貸してくれた親切な学生にお礼を言って原本を返却した後、「コピー機で複製したノート」にわくわくしながら目を落としました。

直後、高揚した気分が一気に冷めました。その学生の文字も非常に独特で、まったく読めなかったのです。

そんな出来事も、今となっては懐かしい笑い話です。

ハイレベルの学びで高得点を求められる

訛りと悪筆は私にとって大きな壁でしたが、いつまでも右往左往しているわけにはいきません。なぜなら、アラバマ大学のインターン・レジデントは、試験の結果が「B評価（平均点数８０点以上）」を下回ると、ただちに自国に帰されてしまうからです。

私は日本の歯学部を卒業していましたが、アメリカの歯学部が教える内容はやはりレベルが高いものでした。それもそのはずで、アメリカでは医学部や歯学部はプロフェッショナル・スクールと呼ばれており、４年制大学で基礎科目の単位を習得し、卒業した後に入学可能となる、いわば大学院と同じ位置づけにあります。さらに言えば、基礎科目の成績がストレートA（日本でいえばオール５）でなければ入学資格はありません。

つまり、歯科医師に必要な基礎科目を４年間しっかりと学んだ後、さらに実践的な知識と技術を４年間学んだ、極めて優秀な学生たちと同じ試験を受けて８０点以上をとる必要があったのです。

聞き取りにくい英語と、読みにくい英文。このハンデを背負いながら試験でB評価を取るのは本当に大変でしたが、必死に勉強してなんとかやり遂げました。

2年目は午前中に少し講義があるものの、臨床が中心でした。自分の担当患者さんの歯周病治療はもちろん、それ以外の口腔外科手術の実習もありました。多いときには1週間で10症例の手術を行うなど、かなり忙しい毎日を送っていました。

また、4年生の歯周病学臨床実習のライター（インストラクター）も務めました。学生が行った治療をチェックして指導したり、10段階のカードを用いて評価したりしました。

最新設備が整った実習環境

アラバマ大学でもう一つ、大きなカルチャーショックを受けた事柄があります。

歯を削る回転切削器具、タービンです。

現在の歯科治療では、1分間に30～50万回転のエアタービンが主流です。圧縮した空気の力で高速回転するため、大抵は1回で虫歯を削り切ることができます。

しかし､私が学生だった頃は､日本では1分間に7000回転の歯科用電気エンジン（オイルタービン）が一般的でした。現在ほど効率良く削れないため、患者さんには何回も通院してもらう必要がありました。

東京医科歯科大学の臨床実習でも、使用していたのはオイルタービンです。1台の器具を、60人の学生が順番に使って実習を行っていました。

ところが、アメリカではすでにエアタービンが使われていました。しかも、アラバマ大学の歯学部の学生は、全員が自分用のエアタービンを1本ずつ持っていたのです。

タービンの順番待ちがなく、あっという間に歯を削ることができる。

これほど快適な実習環境、治療現場は、初めてでした。


虫歯を削った後に被せるクラウンや、歯が抜けた部分に使用するブリッジの素材にも、大きな違いがありました。

日本では安価な合金で製作しますが、アメリカでは純金が一般的でした。もちろんアラバマ大学の実習でも、純金を使った製作方法を学びました。

加えて、当時の日本では見たことがない、金属とセラミックを併用した被せ物「メタルボンド」による修復も学ぶことができました。日本の歯科治療では削った部分を合金で補うため、どうしても銀色が目立ちます。治療した歯の見た目を気にするような意識はあり

アラバマ大学歯学部歯周病学講座の先生方。
前列右から２人目がウォレス・マン教授。後列左から２人目が私。

ませんでした。

　メタルボンドは、中身は金属ですが、外から見える表面部分は白色のセラミックを用いるため、まるで自然の歯のようにきれいに治すことができるのです。

「セラミックを使ったメタルボンド……。こんな治療が、あるのか」

　学生実習の設備も治療技術も、そして歯科治療に対する考え方も、何もかもが日本とはまったく異なっていて、驚きの連続でした。

寮生活でもカルチャーショックの連続

　アラバマ大学で過ごした2年間、私は大学寮で生活していました。ここでも、いくつものカルチャーショックに見舞われました。

　文化レベルが、日本とは全く違ったのです。

　まず、トイレです。アラバマ大学の学生寮はすべて水洗で、他の公共施設でも同じでした。日本では昭和30年代から水洗トイレが広がっていきましたが、汲み取り式の「ぼっとん便所」のほうが多かったため、臭いのない清潔なトイレを日常的に使えることに感動しました。

次に、電話です。日本ではまだ、各家庭に電話がありませんでした。電話加入権を獲得して電話線を引いてもらうには、それなりのお金と時間が必要だったのです。そのため、電話を持っている近所の家に行って「電話を貸してください」とお願いし、電話をかける。そのような光景が日常でした。ところがアメリカでは「寮の部屋に電話がほしい」と申請すれば、数日で電話が設置されました。これはまったく予想外で、喜びよりも驚きのほうが大きかったです。

さらに、日本ではまだ一般家庭への普及が進んでいなかったエアコンも、寮の各部屋に完備されていました。そのおかげで、かなり快適な寮生活を送ることができました。

私の寮生活とは関係ありませんが、もう一つ驚いたことがあります。

医学部や歯学部の学生は、金融機関からお金を借りられる、ということです。

詳しくは知りませんが、おそらく医学部や歯学部に入学した時点で、「将来は医師や歯科医師になる優秀な学生」と認められ、金融機関にとって出資対象になっていたのでしょう。

余談ですが、この頃まだ、日本ではコカコーラは販売されていませんでした。しかし、私たちはその飲み物の存在を知っていました。日本に来たアメリカ人たちがコカコーラを持ち込んで、飲んでいたからです。

中学生のとき、毎年サンフランシスコの中学生が来日して開催される、野球の交流試合がありました。その際、各学年で１０人前後の生徒だけがあちらのチームに招待され、コカコーラを飲ませてもらっていたのです。

招待されない他の子どもたちは興味津々で、その選ばれし生徒たちが戻ってくると、一斉に駆け寄って「コカコーラ、どうだった？　どんな味だった？」と、質問攻めにしました。私もその一人でした。

大抵の子は「甘くておいしかった」というシンプルな感想しか言わないため、あの真っ黒い飲み物が一体どんな味なのか、ずっと気になっていました。

当然、アメリカに来れば、自分でコカコーラを買って飲むことができます。中学時代の憧れの飲み物を自分の舌で味わうことができ、ようやく、あの時の回答の意味を理解しました。

「確かに、甘くておいしい。それ以外に、説明のしようがないな」

飲み物といえば、日本では牛乳は〝瓶〟で販売されていました。ところがアメリカでは、すでに〝紙パック〟が主流になっていました。その驚きを伝えるため、家族に手紙で「アメリカでは、牛乳は紙の箱に入って売られている」と書いたのですが、当時はまったく伝わりませんでした。これも、思い出深い笑い話のひとつです。

ケネディ大統領の暗殺事件

アラバマ大学で過ごした2年間で、強く印象に残った出来事が2つあります。ひとつは、ケネディ大統領の暗殺事件です。私がアメリカに渡った3カ月後、昭和38年（1963年）11月22日に起こりました。

その日、午前の講義を終えた私は、大学病院の食堂で昼食を食べて、午後の臨床実習（診療）の準備をしていました。1時ごろに病院に行くと、いつもと違う騒然とした雰囲気で、皆がテレビに釘付けになっていました。

何事かとそちらに視線を向けると、ジョン・F・ケネディ大統領が遊説のために訪れたテキサス州ダラス市内で、パレード中に銃撃されて死亡したと報じていました。狙撃されたのは１２時３０分で、犯人は１時間後に逮捕されました。

この事件は、アメリカ全土に大きな衝撃を与えました。ほとんどの店舗が臨時休業となり、附属病院もその日と翌日の診療予約はすべて取り消されました。職員も学生も皆、この暗殺事件の報道から目が離せなくなったのです。学校も、1週間ほど休みになりました。テレビ局が3日間に渡って暗殺事件のみを報道していたこともあり、しばらくはアメリカ全土が重苦しい雰囲気に包まれていました。

人種差別とキング牧師

もうひとつは、人種差別です。

大学や病院、飲食店など、多くの人々が日常的に利用する施設の受付、会計、トイレは「Colored（有色人種用）」と「White（白人用）」に分けられていました。バスに乗ると、前方は白人の席、後方は黒人の席というルールがありました。アラバマ大学の講義でも、黒人の学生は常に後方の席に座っていました。

黄色人種である日本人の私は、本来であればColoredに分類されます。大学に研修医として雇われた身分であることからWhite側の利用が許可されましたが、正直、複雑な気分でした（現在ではColoredやColored personは、差別用語として認識されています）。

そんな中、留学2年目の昭和39年（1964年）、アメリカ国内における黒人（アフリカ系アメリカ人）に対する人種差別の解消と、公民権の適用を求めて社会運動をリードしていたマーティン・ルーサー・キング・ジュニア牧師に、ノーベル平和賞が授与されました。その後まもなく、大阪毎日テレビ局から

「キング牧師への取材を行うので、手伝ってほしい」

と、連絡が入りました。具体的には、インタビュー中に発電機のハンドルを回し続けて、照明をキープする役目です。私は二つ返事で了承し、キング牧師の自宅兼事務所があるジョージア州アトランタに向かいました。

初めて会った時、私はキング牧師を「平和賞にふさわしい、温厚な紳士だ」と感じました。そして握手をした瞬間、その大きな手と力強さから、彼が温厚なだけではなく、強い信念でアメリカの価値観に大きな楔を打ち込んだ、偉大な人物であることを実感しました。あのときの興奮は、60年以上経った今もハッキリと思い出すことができます。

黒人への差別ほどではありませんが、白人の中にも格差は存在していました。

日本では昭和36年（1961年）に国民皆保険制度が実現しましたが、アメリカには当時も今もそのような制度はなく、歯の治療には高額の治療費を支払う必要があります。とくに大学の附属病院は高度な治療を行っているため、臨床を専門とする先生に診てもらうには、先生と個人的に契約を結び、プライベート患者になる必要がありました。

そのため、患者さんは受付で年収を確認され、一定以上の水準でなければ「当院では治療できません、開業医に行ってください」と言われることもありました。

アラバマ大学歯学部の学生が臨床実習で治療を行っていたのは、そうした高額な治療費が払えない患者さんたちです。もちろん、講師やライターが付いているため間違った治療をすることはありませんし、事故の危険も抑えられます。ただ、これほど医療技術が発達しているにも関わらず、すべての人々が十分な医療を受けられないことに、医療者として釈然としない心持ちになったものです。

昭和中期の日本の歯科治療

日本人は昭和３６年から、少ない負担額で誰もが医療を受けられるようになりました。それは素晴らしいことですが、その医療が十分な内容であったかといえば、必ずしもそうではありません。当時の保険診療には、現在よりもさまざまな制約がありました。

たとえば、麻酔です。虫歯が進行して神経がある層まで削る場合は、かなりの痛みが伴います。現代では、患者さんに「麻酔を使いますか？」と尋ねて、患者さんが希望すれば麻酔を使用します。これは保険適用となっているため、大きな負担になりません。

しかし昭和中期頃、まだ麻酔は保険対象外でした。しかも、オイルタービンしかなかったため、虫歯を削っている時間も長くなります。

１０秒程度の痛みなら耐えられても、１分以上続く痛みは耐え難いものです。患者さんが「痛い」と手をあげれば、歯科医師はいったん削るのを止めます。しかし「保険外になりますが、麻酔を使いますか？」と問われて、頷くことができるのは一部の裕福な人たちだけでした。

昔は、１本のむし歯を削るために、４～５回の通院が必要でした。それは歯を削る速度の問題だけではなく、患者さんの身体的負担が大きかった、という理由もあります。

また、歯が抜けてしまった場合、現代の保険診療なら、入れ歯、差し歯、ブリッジなどの複数の選択肢がありますが、昔は、入れ歯以外はすべて自費診療でした。本当に最低限の治療しかできなかったのです。

第3章　東京医科歯科大学 大学院生時代

大学病院で病理解剖の経験を積む

2年間のアラバマ大学留学を終えて、昭和40年（1965年）8月、私は東京医科歯科大学の大学院1年生に復学しました。

残念なことに、私を口腔病理学講座に誘ってくださった山本肇先生（後に学長）は、翌年の10月に東北大学に移ることが決まっていました。せっかく復学したのに、お世話になった山本先生とのお別れはとても寂しいものでしたが、先生が東北大学で活躍されているという噂を耳にするたび、とても嬉しく、励まされる思いでした。

そうして4年間、私は石川梧朗教授のもとで口腔病理学の研究を行いました。

病理学とは、病気の本態を追究する学問です。病気に対する効果的な治療や予防を実践するためには、その病気の原因、発症までの経緯、症状の進み方などを明らかにする必要があります。

そのための方法の一つが、病理解剖です。

治療の甲斐なく亡くなってしまった患者さんの病気は、どれくらい進行していたのか。主治医は正しく診断し、適切な治療を行っていたのか。治療の効果はどの程度あったのか。

死因は何か……それらを確認するために、病理解剖は行われます。当時はＣＴがなかったことから、人の体の中で何が起きていたのかを詳しく知るうえで、解剖の重要性が高かったのです。

加えて、当時は死亡直後の状態を維持できる高性能の冷凍庫がありませんでした。そのため、病院で患者さんが亡くなった際は、直ちに病理解剖を行う必要がありました。これを担っていたのが、医学部・歯学部・研究所の各病理学講座です。

医学部に２講座、歯学部と研究所に１講座ずつあり、日中はこの４講座の中で、手が空いている人が病理解剖を行っていました。また、各講座で「講師＋大学院生」の２人で１チームを組み、順番に病院に泊まり込んで、夜に亡くなった患者さんの病理解剖のために待機していました。

当番は、週に１回はまわってきました。当番の日に必ず患者さんがお亡くなりになるわけではありませんが、ときには一晩に４体の解剖をしたこともあります。それを４年間続けることで、かなりの経験と学びを得ることができました。

医学分野ではない人には意外かもしれませんが、歯学部の学問対象は口の中だけではありません。とくに解剖学においては、必ず全身の解剖を行います。骨や筋肉、血管、神経、内臓といった体を構成する各器官の立体的な構造や配置などを、実際に見て、触れて感じることで、教科書だけでは十分に理解できなかった仕組みを知ることができるのです。

そして、この病理解剖の経験が、私を次のステージに繋げてくれました。


また、私個人の研究としては、アラバマ大学で学んだ歯周病学を生かし、外傷性咬合による歯周組織の変化をテーマにしました。

簡単に言えば、噛み合わせの悪さなどが原因で口の中が傷ついた状態（または傷つきやすい状態）になった場合、歯の機能を健全に保つために働いている歯ぐきや歯の根の部分、歯が埋まっている顎の骨などの歯周組織にどのような変化が起きて、歯周病などの疾患の発症に繋がるのかを明らかにするための研究です。

それらの集大成として「実験的外傷性咬合によるラット歯周組織の変化の病理組織学的およびオートラジオグラフィーによる研究」という論文を執筆し、無事、歯学博士を獲得しました。

フィリックス・バータランフィ教授（Dr.Felix D.Bartalanffy）との出会い

大学院３年生の昭和４３年（１９６８年）、東京で国際がん学会が開催されました。

このとき、カナダのマニトバ大学医学部で解剖学を教えているフィリックス・バータランフィ教授の来日が予定されており、薬理学教室の講師である千葉先生が、東京案内などの世話係を担うことになっていました。

ところがタイミングの悪いことに、千葉先生のロンドン留学が決定し、学会開催前に渡英することになりました。

「申し訳ないが、バータランフィ教授の世話係を頼めないだろうか？」

アメリカでの留学経験があったからでしょう、千葉先生は私に代役を依頼されました。

私はこれを引き受けて、学会開催日の前日、来日したバータランフィ教授を空港でお迎えしました。白人男性にしてはやや小柄で、柔らかな空気をまとった人物。それが第一印象でした。

車で都内を案内していると、「日光に行ってみたい」と希望されたため、急きょ足を伸ばすことに。途中で寿司屋に寄ったりしたため、日光に到着したときにはすっかり辺りが暗くなってしまいましたが、教授は「これもいい思い出だ」と、笑ってくださいました。

学会後も、飛行機の時間まで東京の各所をご案内しました。そして、最後に羽田空港に着いた時、ふと思いついて
「もし、カナダの大学で何か職がありましたら、ご紹介していただけたら嬉しいです」

と、お伝えしました。

このころ、私は付き合っていた女性との結婚が決まっており、彼女が「いつか外国に住んでみたい」と言っていたことを思い出したのです。

教授は「わかりました」と頷いてくれましたが、私はまだ3年生でしたし、「いつか機会があれば……」という軽い気持ちでした。

ところが、教授が帰国したあと間もなく、ハガキが届きました。そこには、解剖学教室の助教授の席が空いているから、すぐに来るように、と書かれていました。

こんなに早く機会が訪れるとは、全くの予想外でした。私も彼女もたいそう驚き、軽い気持ちでお伝えしたことをしっかり受け止めてくださったバータランフィ教授に、心から感謝しました。

ですが、まずは大学院を修了しなくてはなりません。

アメリカやカナダの大学では、解剖学を教えているのは必ずしも医師ではありませ

ん。大学の理科系学部を卒業した後、大学院の博士課程で解剖学を専攻して修了したPh.D.（Doctor of Philosophy）であれば、医学部や歯学部で解剖学を教えることができます。そのため、私はPh.D.を取得する必要がありました。

「1年待ってほしい」とお伝えすると、教授は快く承諾してくださいました。

翌年の３月、私は大学院を修了しました。しかし、カナダの新年度は８月から始まります。それまでの間、歯周病学教室の副手（研究の助手）として働かせてもらいました。

恩師、山本肇先生について

大恩ある山本先生についても、少しお話しをさせてください。

山本先生はたいへん優れた歯科学者でしたが、先生のすごさは、それだけではありませんでした。

新宿で、口腔病理学講座の皆とお酒を飲んでいたときのことです。話が弾み、かなり遅い時間になってしまいました。そのとき先生が「皆、私の家に泊まって行くといい」と言ってくださいました。

「山本先生のご自宅か。どんな家なんだろう」

「そういえば、奥様にお会いするのは初めてだな。どんな方なんだろう」

わくわくと心踊らせていたのも束の間、皆が窓の外を見ながら、首を傾げ始めました。

「……あれ？　このまま行くと、音羽御殿に入るのでは？」

「音羽御殿の敷地内に入ったぞ？　まだ奥に進むのか？」

そうしてたどり着いたのは、現代でいう「鳩山会館」の隣にある、一軒の家。そこが山本先生のご自宅でした。

実は、山本先生の奥様は、あの鳩山家の「薫夫人」の弟さんの、娘さんでした。つまり山本先生は鳩山家の縁者であり、ご自宅も音羽御殿の敷地内にあるため、薫夫人の歯の調子が悪くなると山本先生の家の電話が鳴り、診療に向かうのだそうです。

さらにこの時、山本先生のお父様が戦時中、最高裁判所の裁判官だったことも初めて知りました。

歯学者としての先生の顔しか知らなかった私たちは、衝撃の事実に興奮が収まらず、その夜は眠ることができませんでした。

山本先生はその後、東北大学に移られて、開設されたばかりの歯学部の教育基盤づくりに貢献されて歯学部長になりました。昭和５８年（１９８３年）に東京医科歯科大学に戻ってこられて、平成３年（１９９１年）に学長になられました。

令和４年（２０２２年）にお亡くなりになられましたが、生涯をかけて歯学の発展と教育に尽力され、私を含め多くの人々に尊敬された偉大な先生でした。

いまの私が在るのは、山本先生のおかげです。すばらしい先生と出会えた幸運に、感謝しています。

歯科医師として生涯現役を貫いた父

父の歯科医院についても、触れさせてください。

第１章でお話ししたように、小学生だった私が疎開先の鴻巣市から東京に戻ってきたとき、父は叔母の家の応接間を歯科医院に改造し、治療を行っていました。

その後、私がアラバマ大学に留学する頃には山王町の土地を借りて新たに開業し、帰国したときには日野市に移っていました。京王線・平山城趾公園駅のすぐ近くで、名称も「平山歯科」に変わっていました。内科医の親戚から「こっちで開業したほうがいい」と教えてもらったそうです。

そのとき、父はすでに50代に突入しており、新しい土地での開業は躊躇があったといいます。しかし、山王でも患者さんが増えなかったこと、親戚が「ちゃんと利益が出るようになる」と強く勧めてくれたことで、決意したそうです。

果たして、親戚の読みは大当たりでした。開業後、周囲にどんどん団地が建設され、人口が増えていったのです。そのエリアの歯科医院は平山歯科のみだったため、患者さんが絶えない人気歯科医院になりました。

それから亡くなるまでの20年間、父はずっと治療を続けました。3人の妹のうち、真ん中の妹が歯科助手の資格をとり、サポートをしていました。下の妹も両親と同居し、生活を支えてくれていました。

一時期、私は平山歯科の患者さんの治療をしていたことがあります。そのときに実感したのは、患者さんは「ほかに歯科医院がないから」という理由のみで来院していたのではなく、父が患者さんに寄り添った治療を行い、患者さんは父を信頼している、ということでした。

父は、患者さんの歯の治療に人生を捧げました。私はそんな父を、心から尊敬しています。

両親の写真。海外旅行先にて

第4章　マニトバ大学での教育・研究の日々

カナダに到着した年、人類が月面に降り立った

マニトバ大学はカナダのマニトバ州南部ウィニペグ市にある、長い歴史と伝統を有する総合大学です。昭和44年（1969年）3月に大学院を修了した私は、6月にカナダに渡り、マニトバ大学医学部解剖学教室の助教授に就任しました。33歳でした。

この年、アメリカはアポロ11号を月に打ち上げました。そして私がカナダに到着した翌月の7月21日、人間が月面を歩いている映像を、テレビで目にしました。この時のアームストロング船長の言葉「これは一人の人間にとっては小さな一歩だが、人類にとっては偉大な一歩である」は、50年以上経ても多くの人が知る名言となりました。

人間が月に行き、その地面を歩くという偉業が達成された時、私はケネディ大統領のことを思い出していました。彼は生前、「アメリカは1970年までに、月にロケットを打ち上げる」と宣言しており、それが実現したのです。

アラバマ大学留学中に起きた、ケネディ大統領暗殺事件。

あの日、アメリカ国内はひどく混乱しました。社会が日常を取り戻した後も、人々はしばらくの間、心のどこかに不安を引きずっているような感覚がありました。

しかし、それから6年足らずで、アメリカ人は人類で初めて月に到達しました。私が滞

在したのは2年間のみですが、アメリカ人のタフさ、前を向いて進む力強さを誇らしく感じることができました。

手間を惜しまず「わかりやすい講義」を追求

助教授となった私が最初に担当した講義は、骨学でした。

骨学は人体解剖学の基礎です。人骨標本からそれぞれの骨の位置、名称、形状を把握し、身体を支えたり運動したりするために機能している各骨の位置関係や、骨格筋、血管、神経等との関係も学習します。歯学部の学生も履修するため、歯科医師の資格を持つ私が必要とされたのです。

講義では、スライドを使いました。

教える内容を原稿として用意し、それを読み上げたり板書したりする形式の講義では、学生から「その原稿をコピーして配ってください」と言われます。それでは講義をする意味がありません。

そこで、私は重要な骨をさまざまな角度から見た画像を作製し、どの神経と繋がっているのか、どの骨や筋肉と関係してどういう動きをするのか等を、スライドで見せて説明することにしました。スライド作成は手間がかかりますし、内容はすべて暗記しなくてはいけません。午前の最初の講義（午前9時開始）の場合は、早朝5時に大学に行って準備する必要がありました。大変でしたが、学生たちはスライドと私の説明に集中してくれるため、良い緊張感の中で講義を進めることができました。

ただし、講義中に疑問が生じると、学生たちは積極的に手を上げて質問してきます。勉強熱心で素晴らしいことなのですが、正直、大変でした。なにせ、医学部には1クラスに約100人いるのです。そのうち30人近くの学生が、毎回挙手しました。

マニトバ大学では「○月○日は軟骨組織を教える」、「△月△日は皮膚組織を教える」といった感じで、講義のスケジュールがしっかりと決まっています。日本の大学のように「今日教えられなかった内容を、次回の講義で教える」ことができないため、学生も講義の内容に疑問が生じれば、その時間中に解消しなくてはいけません。

しかし、全ての質問に答えていては、講義そのものが終わりません。私は毎回、残り時間とその日に伝えるべき内容の残量、回答にかかる時間を瞬時に計算し、すぐに回答できるものはその場で答えて、時間がかかる回答は「放課後に私のところに来なさい」と言って対応していました。

その後、人体解剖学実習を担当しました。

人体解剖実習は、日本では法務省が発行する「死体解剖資格」の認定書を持っていなければ実施できません。死体解剖資格の認定にはいくつかの基準があり、私はその中のひとつである「国内の医学または歯学に関する大学の解剖学、病理学、法医学の講座に所属」、「当該所属先において解剖に関連する診断や研究または教育業務に従事する者」として認められ、資格を取得できました。

カナダでも、日本の死体解剖資格の認定書が有効でした。だからこそ、歯学を専門とする私が医学部解剖学の助教授になれたのです。

その他、組織学や口腔組織学も担当しました。また、歯学部の口腔病理学実習を教えることもありました。

忙しい毎日でしたが、幸いにも学生からの評判は良いほうでした。

スコットランド出身のある先生の講義が「訛りがひどくて、講義の内容が全然わからない」と学生たちに不評であるという話を聞き、私自身もアラバマ大学の留学で南部訛りや悪筆に苦しめられた経験があったことから、自分の講義では学生たちにそのような苦労をさせたくない、という強い思いがありました。

また、カナダの学生は教授に対しても遠慮がありません。言いたいことがあれば、物怖じせず発言します。日本の大学では考えられないことですが、教授と大学院生が言い争う声がドアの外まで聞こえてくる、といった場面も珍しくありませんでした。

そのため、できるだけわかりやすい英語を使い、発音にも気を配りました。

その甲斐あって「亀山の英語はわかりやすい」と言われていたようです。カナダ人は比較的ゆっくり喋る人が多いため、英語を早口で話せない私とは相性が良かったのでしょう。

医学部解剖学講座の先生たち

当時の医学部解剖学講座の主任は、キース・レオン・ムーア教授でした。後に『ムーア人体発生学』や『ムーア臨床解剖学』を出版し、教科書として世界中で用いられるようになった本の著者です。私がマニトバ大学に在籍している間、ムーア教授はずっと『ムーア人体発生学』を執筆していました。これほど有名な本になるとは、そのときは想像もしていませんでした。

マニトバ大学に呼んでくださったバータランフィ教授はもちろん、私はこの解剖学講座で、多くの先生と出会うことができました。

たとえば、私がカナダに渡った2年後に、東京医科歯科大学の先輩である星野一正教授が、ウェスタン・オンタリオ大学医学部解剖学教室から赴任されました。星野先生は後に京都大学医学部に移られて、『ムーア人体発生学』の初版から日本語翻訳に携わることになります。

さらに、臨床神経生理学と臨床神経学の第一人者である木村淳先生が内科の助教授として、日本の免疫薬理学の創始者の一人である永井博弌先生も、免疫学教室に在籍しておられました。

このときに結んだご縁は、私の人生で大きな宝になりました。

後の話になりますが、星野先生には歯学会総会で、木村先生には第一回国際顎関節学会で、特別講演をしていただきました。永井先生には、愛知学院大学の薬学部設立にあたり、貴重なアドバイスをたくさんいただくことができました。本当にありがたいことでした。

解剖学講座には自分を含めた10人くらいのドクターと、秘書や技術者、実験動物の飼育管理を担う人々など、かなりの人数がいました。そして、休日には誰かの家に集まり、食事や会話を楽しむパーティが開催されました。

さまざまな国の人が集まっていたこと、第二次世界大戦の終結から20年程度しか経っていなかったことから、大学では聞けない「すごい話」が飛び出すこともありました。たとえば「戦争で祖国のオーストリアが占領され、ナチス・ドイツの軍隊に入れられていたが、ベルリンが陥落した日に意を決して軍隊を脱走した」とか、「ハンガリー動乱から逃げて来た」等々……。

私や妻などはその度に大きな衝撃を受けて、帰宅後も興奮冷めやらず、眠れない夜を過ごしたものです。

家族を連れて集まったときには、子ども同士も仲良く遊んでいました。明るく朗らかな人ばかりで、プライベートの思い出も数え切れないほど作ることができました。

マニトバ州の厳しい冬

マニトバ州はカナダの中央部に位置しており、冬はマイナス20℃まで気温が下がりま

マニトバ大学医学部解剖学講座の皆様。３列目中央にムーア教授、
最後列の左から３人目がバータランフィ教授、
５人目は星野教授。右から５人目が私。そのほか秘書や技術員

す。そのため、外出時は準備がたいへんでした。分厚いコートをしっかり着込み、顔もマフラーでぐるぐる巻きにして、目だけ出る状態にしなければなりません。そうしなければ、外に出た途端、鼻の穴がパリパリに凍ってしまうのです。

車のタイヤも、毎日凍りました。地面に接している部分が平らになっているため、走り出しはガッタン、ガッタンと大きく揺れます。その揺れに耐えながら走っていると徐々に溶けて、通常の走行になるのですが、慣れるまでは毎回「車が壊れるんじゃないか」と、肝を冷やしました。

もちろん、道路も凍結してツルツルです。それなのに、カナダの学校では、昼食を自宅で食べる習慣がありました。子どもたちは凍った道を歩いて昼休みに帰宅し、昼食を食べて、また学校に戻っていくのです。子ども向けのテレビ番組も、昼間に流れていました。

「カナダの子どもは、すごいな」

やがて生まれた私の子どもたちも、同じようにたくましく育っていきました。

そんな気候でしたから、キャンパス内にはいくつものスポーツ施設やゴルフ場まであり、広大な敷地面積を有していましたが、すべての建物は地下で繋がっていました。冬期は外に出ることなく移動できたため、とてもありがたかったです。

契約期間を延長し、研究を開始

日本人が海外の大学に行く場合、その目的のほとんどは「研究」です。海外の研究者は日本人を「土日休日も関係なく、毎日夜遅くまで熱心に研究を続ける」と高く評価していたため、日本人研究者が海外で雇用先に困ることはありませんでした。

しかし私は、カナダに渡ってからの2年間を教育に費やしました。何をどのように教えるべきか、まったくわからない状態でスタートしたため、講義の方法やうまく進めるための工夫に専念してしまい、研究を行う余裕がなかったのです。

私の雇用期間は2年間でしたが、論文を1本も書かないまま帰国すれば、周囲から「何のために海外に行ったの？」と言われてしまいます。そのため契約を更新して、もうしばらくマニトバ大学に滞在することを決めました。幸い、2年間で教育のノウハウは身についたため、3年目以降は自分の研究に着手できる状態になりました。

ただし、大学から「教員への給与」は出ますが、「研究費」の支給はたった1回、250ドルのみです。その後はまったく出ません。研究に必要な費用は、日本の厚生労働省にあたるMedical Research Council（ＭＲＣ）や、その他の財団に申請書を送り、自分で獲得する必要がありました。

私は、ＭＲＣに申請書を送りました。研究テーマは、歯の発生です。歯が生えてくるまでの過程――たとえば前歯と奥歯は異なる形をしていますが、その形はどのように決定されているのか。それぞれの歯が萌出までどのような経過を辿るのかを、マウスを使って明らかにするための研究です。

無事に採択されて、研究費を確保できました。一度採択されれば、その後は定期的に研究費が支給され、しかもその用途に制限はありません。

日本の研究助成制度の多くは、あらかじめ何に、どれくらいの費用がかかるのかを予算書として提出し、研究費が支給された後は予算書通りに使ったことを証明する報告書を提出しなければなりません。ＭＲＣの研究費にはそうした制約はなく、研究者が自由に使うことができました。

これは本当にありがたいことでした。私はさっそくカナダ人の技術員を一人雇い、二人で研究を進めていきました。技術員に「電子顕微鏡の講習会に行きたい」と言われれば、研究費から講習料を出してあげることができましたし、講習会を修了した後に「免状を取ったので給料を上げてほしい」と言われたときも、少し驚きましたが、希望通り給料をアップしてあげられました。

唯一の難点は、研究費を継続的に受け取るためには、3年に一度、申請書を提出しなければいけないことでした。どのような研究を行い、どのような成果を出し、次はどのような研究を行っていくのか……この申請書の量が、とにかく膨大でした。誇張ではなく、電話帳なみの厚さの書類を用意する必要があったのです。

「カナダで研究を続けるなら、この書類作成も続けなければいけないのか……」

研究自体はひじょうに有意義で、それなりの成果をいくつも出すことができました。しかし、その書類作成にかかる労力があまりに大きく、

「こんなことをずっと続けるのは、自分には無理だ」

と、感じるようになりました。

一時帰国し、愛知学院大学と出会う

マニトバ大学に来てから5年目と6年目に、大きな変化がありました。

ひとつめは、テニュアの資格を得たことです。

アメリカやカナダの大学で教職に就いて5年経つと、教育と研究の両面について終身雇用の資格を得るための審査があります。この審査に合格すると、定年まで大学で教職としての身分が保証されます。私はこの審査に合格し、テニュアの資格を得ることができました。その後、准教授へと昇進しました。

ふたつめは、同じ年の冬に父が病気になり、入院したと連絡が入ったことです。

幸いにも深刻な病状ではなく、退院後は現場に復帰できるという話だったため、私は2カ月間だけ休職させてもらい、一時帰国して、父の歯科医院で診療を行うことにしました。

このとき、大学院時代の恩師であり、東京医科歯科大学の歯学部長になられた石川悟朗教授にお会いする機会がありました。

懐かしさから、私はマニトバ大学での教育や研究について、たくさんお話しをしました。

「昔は、亀山は親の歯科医院を継ぐか、自分で開業すると思っていた。マニトバ大学で助教授として、こんなに長く活動するとは意外だったな」

石川教授はしみじみとそうおっしゃった後、少し改まった様子で、

「愛知学院大学で、病理学を教える人材を探している。君を推薦したから、名古屋に行っ

て岡本歯学部長と武井教授に会って来なさい」

と、言われました。

「えっ……」

突然のことに、面食らいました。

私が大学院に進学したのは、石川教授の予想のとおり「口腔病理学講座で歯周病の勉強をして、学位をとったあとに開業医になる」という人生設計に基づいたものでした。マニトバ大学で助教授として講義を受け持ち、准教授になって自分の研究も進めることになったのは、妻が外国に住んでみたいと言い、偶然にもその機会に恵まれたからです。

そして、研究を続けることに限界を感じ、父の医院で患者さんの診療をしながら「日本に戻って開業する」という選択肢が浮かんでいたところでした。

そのことを伝えると、石川教授は
「開業は、いつでもできる。海外での経験を活かせるだろうし、もうしばらく大学にいてもいいのではないか？」

と、おっしゃいました。

確かに、その通りでした。海外での研究は難しくとも、日本に戻り、大学で研究をするなら——。

「とにかく、一度会ってみなさい」

その言葉に背を押されて私は名古屋に足を運び、愛知学院大学の岡本清櫻歯学部長と、武井盈教授に面会しました。

両先生とは初対面でしたが、すぐに「ぜひ本校に来てほしい」というお言葉をいただきました。専門分野が口腔病理学であり、臨床の経験もあることを評価してくださったのです。それだけでなく、私の人間性や性質が、愛知学院大学の教育理念である「行学一体報恩感謝」に合致するとおっしゃってくださいました。

たくさん褒めていただいたことや、愛知学院大学の教育・研究環境について説明を受けているうちに、どんどん私も前向きになっていきました。

カナダの歯学研究は日本よりも進んでいましたが、研究環境においては、日本より良いとは言えない部分が多々ありました。すでに述べたように、大学からは研究費がほとんど支給されず、研究を続けるためには3年ごとに、膨大な量の申請書を作成しなくてはなりません。日本の大学であれば少額とはいえ研究費が支給されますし、科学研究費助成事業（科研費）などに自分で申請する場合も、MRCほど必要書類が多くないため、労力が大きく違います。

研究設備の使用についても、不便さがありました。たとえば、私の研究には電子顕微鏡が不可欠ですが、購入するとなると、かなり高額です。そのため大学にある電子顕微鏡を借りていましたが、それらは誰かが研究費で購入したものでした。借りることは可能でも、所有者の許可が必要で、手間がかかったのです。

日本であれば、校内の研究設備はたいてい大学の所有物であり、その大学に所属する研究者は自由に使用できます。

（教育と研究を続けるとしても、海外より日本でやるほうが、自分には合っている。マニトバ大学を辞めて、愛知学院大学で再スタートしよう）

岡本歯学部長、武井教授との面談で、私はそう決めました。これも、私の人生における大きな転機となりました。

その旨を両先生にお伝えしたところ、とても喜んでくださいました。

そして、

「カナダから日本に戻ってきた時、やはり東京の大学のほうが良い、と心変わりされるかもしれないので、いまここで誓約書をかいてもらえませんか」

そのような念押しをされました。

確かに東京のほうが、私にとって馴染みがある土地です。しかし、ここまでお話をしていただいて「やっぱりやめます」などと言うつもりは全くありませんでした。冗談だと思い、笑って流そうとしましたが、両先生とも極めて真剣な表情で、私の顔をじっと凝視していました。

その迫力に負けて、誓約書を作成しました。

この日、帰国後の私の就職先が決定しました。

マニトバ大学を退職し、愛知学院大学へ

一時帰国を終えてマニトバ大学に戻った私は、医学部長と歯学部長に、退職と帰国の意志を伝えました。

おふたりから強く引き止められましたが、私の決心は固く「日本に戻って、愛知学院大学で教鞭をとります」と、キッパリとお伝えしました。

退職の日、ルース・グラハム主任教授代行より贈り物をいただいた

ムーア教授は「フルプロフェッサー（教授）にする」とまで言ってくださいましたし、学部長も「できるだけ早く戻ってくるように」とおっしゃってくださいました。とてもありがたいことでしたが、気持ちは変わりませんでした。

このときは、まだ研究費の支給期間の最中だったため、そのお金を使って研究関連の荷物を日本に送り、残りの研究費は技術員に譲渡しました。

こうして、7年半にわたるマニトバ大学での生活は幕を下ろしました。

バータランフィ教授とジゼル夫人

本章の最後に、私をマニトバ大学に呼んでくださったバータランフィ教授についてお話をしましょう。

バータランフィ教授のお父様、ルードヴィヒ・フォン・バータランフィ氏は、この頃ニューヨーク州立大学の教授をされていました。「一般システム論」を提唱し、ノーベル賞の候補者になった有名な生物学者で、アメリカ大統領の晩餐会でホワイトハウスに招待されたこともあるそうです。著書も多く、その中には日本語に翻訳されて出版されたものもあり

ジゼル夫人と私。自宅前にて

ます。

息子であるバータランフィ教授はお父様のあとを継いで研究の道に進まれましたが、医学のみではなく、芸術分野にも深い造詣をお持ちでした。初めて日本に来たときに見た浮世絵を気に入り、ご自宅に浮世絵や切手を飾るための専用の部屋まで作っておられました。奥様のジゼル夫人が美術館で学芸員として働いておられたため、その影響もあったのかもしれません。

また、先述した「戦時中にナチス・ドイツの軍隊から脱走した」人物とは、実はバータランフィ教授のことです。二十歳くらいのころに脱走し、戦後はカナダのモントリオール大学で研究を進められ、マニトバ大学に移られました。

そんな波乱万丈の人生を送られた教授は、残念ながら70代の若さでこの世を去ってしまわれました。

その頃、私は愛知学院大学歯学部の学部長になっていました。

「今の自分があるのは、マニトバ大学での経験があったからであり、そのきっかけを作ってくださったのはバータランフィ教授だった」

その恩返しをしたいと思った私はジゼル夫人を日本に招待し、東京や京都、名古屋などを１週間かけてご案内しました。夫人はとても感激してくださり、その後も交流は続きました。

私が仕事で海外にいくことを伝えると、いつもおすすめの美術館を教えてくれました。定年退職を迎えたときには、来日した際に知り合った解剖学講座の学生と密かに連絡を取り合い、寄せ書きを贈ってくださいました。

いまは遠い空の向こうで、バータランフィ教授とともに、仲睦まじく浮世絵の魅力について語っている――そんな気がしています。

第5章　愛知学院大学での30年間を振り返って

愛知学院大学の歯学部に着任

愛知学院大学に歯学部が設置されたのは、昭和36年（1961年）です。医学部がなかったため、病理学講座の初代主任教授である福島万寿雄先生は、教育と研究の基盤をゼロから構築されました。そこには大変なご苦労があったと思います。

昭和52年（1977年）1月11日、私は愛知学院大学歯学部病理学講座の助教授として着任しました。設置からすでに16年が経過しており、歯学部は歯学部附属病院と同じ末盛キャンパスにありました。教育環境が十分に整っている状態で、さらに福島教授が主任として在任されていたこともあり、たいへん心強かったです。

また、名古屋に住むのは初めてでしたが、大学時代の同級生である宮原先生が歯科矯正学講座に助教授として在籍されていたため、いろいろと助けてくださいました。

ひとつだけ不便さを感じていたのは、実習室が狭く、病理学の実習が2部制になっていたことです。半数の学生が病理学の実習をしている間、残りの学生は微生物学か薬理学の実習に出席する、という感じでした。そのため病理学の実習は、1週間のうち4日間、それぞれ半日ずつを要しました。

しかし、それも10年後には解消されました。歯学部の基礎講座が末盛キャンパスから楠元キャンパスに移転したのです。実習室、研究室ともに十分な広さが確保されただけでなく、最新設備を使って学び、研究できる、とても恵まれた環境になりました。

何より嬉しかったのは、歯学部の学生たちがみな礼儀正しく、優秀だったことです。講義を熱心に聞き、試験の答案も驚くほど立派でした。

また、詳しい理由は後述しますが、私は「英文の論文を読みなさい」「論文を書くときは英語で書きなさい」と、折に触れて伝えていました。すると、学生の方から「英文の論文を読みたいが、自力では難しいので教えてほしい」という申し出があり、放課後に英文の病理学テキストの読書会を開いたことがあります。多くの学生が参加し、熱心に勉強してくれました。

その中には卒業後も歯学部に残って助手、講師を務めた後、デンマークのコペンハーゲン大学の歯学部に2年ほど留学。帰国後は愛知学院大学に戻って教鞭をとり、現在は私の後任として口腔病理学・歯科法医学講座の主任教授となった人もいます。

当時はまだ、海外に出る研究者は少数でした。海外の学会に参加したい、留学したいと思っても、そのための費用を自力で用意しなければいけなかったからです。

たとえばカナダでは、ＭＲＣから支給される研究費を、海外の学会に出席するための旅

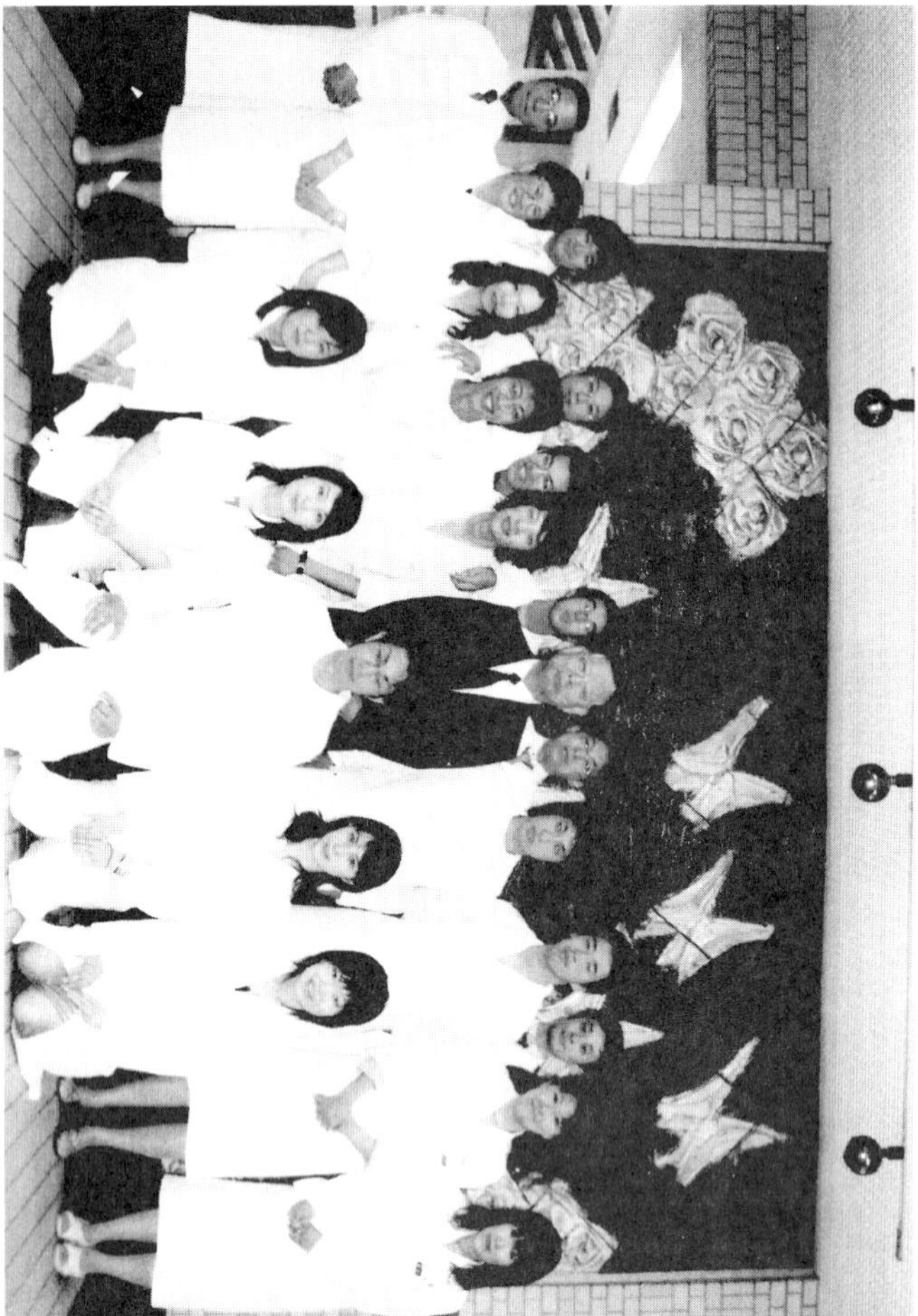

着任して２年後くらいの、病理学講座のメンバーたち

費に充てることができました。しかし日本では、研究費を旅費として使うことは認められませんでした。

そのため、私のように「海外の大学から戻って来た先生」は、かなり珍しい存在として認識されていたようです。学生たちが英語の論文に興味を持ち、積極的に学ぼうとしてくれたのも、そのような時代背景が影響していたのかもしれません。

病理学講座での臨床病理学的研究

着任して間もなく、福島教授がご病気になり、私が教授代行を務めることになりました。この頃は講義が忙しかったため、研究はあまり進みませんでしたが、病理学講座には卒業生が次々と助手、大学院生、研究生として入ってきてくれたため、たいへん活気がありました。後には大学在外研究員として、東京医科歯科大学、コペンハーゲン大学、カリフォルニア大学サンフランシスコ校やロサンゼルス校からも講座員がやって来たほどです。

昭和５４年（１９７９年）４月に福島教授が定年で退職され、私は病理学講座の主任教授に昇任。それから平成１９年（２００７年）に退職するまでの約３０年間、他の役職と兼任しながらも病理学講座の主任を務めさせていただきました。

当時の病理学講座の主な研究課題は、次のようなものです。


【口腔腫瘍に関する研究】

実験的口腔発がんモデルを作成し、組織学や免疫組織化学の観点、および電子顕微鏡での観察によって研究を進めました。発がん性物質の投与や創傷による口腔前がん病変、歯原生腫瘍の作成にも成功するとともに、実験的口腔前がん病変やがん病変の形成に関与していると思われるヒトパピローマウイルスに対しても、分子生物学の観点から同定を行っていきました。


【歯周病変に関する研究】

歯周組織の加齢による変化と、歯周組織の傷口の治療に用いられるステロイドホルモンやプロアテーゼ等の物質による影響を、組織学や組織形態計測学的の観点、および電子顕微鏡での観察によって研究を進めました。

また、機械的損傷から形成した歯周病変に対するアスピリンの影響や、培養したヒト歯肉繊維芽細胞に薬物生歯肉増殖症（薬の副作用による歯肉の腫れ）の原因物質を投与した際の影響を、分子生物学や生化学の観点から調べました。


【顎関節病変に関する研究】

ラットの下顎頭（顎関節を構成する下顎骨の先端）の加齢変化を、組織学、免疫組織化学、組織形態測定学の観点から研究するとともに、顎骨骨折、咬合性外傷、薬物（ステロイドホルモンやフッ素、抗がん剤）などが下顎頭におよぼす影響についても調べました。

さらに下顎頭の器官培養を行い、多様な組織に作用するプロスタグランディンというホルモンや細胞成長因子による影響、遺伝的にアスコルビン酸合成酵素を欠如したラットの下顎頭なども研究しました。


【歯胚組織に関する研究】

乳歯の芽となる歯胚の研究では、器官培養と移植実験を行いました。

器官培養では、ヘパリンや細胞成長因子、発がん物質などが歯胚組織に与える影響について、組織学と免疫組織化学の観点、そして電子顕微鏡での観察によって調べていきました。移植実験では、発がん物質によって形成された歯原生性角化嚢胞（顎骨に埋まったまま生えてこない歯の周囲に生じる嚢胞）の解析と、細胞成長因子の影響について、組織学の観点と電子顕微鏡による観察から研究を進めていきました。

【骨の再生に関する基礎的研究】

神奈川歯科大学と京都大学との共同研究で、骨の再生に関する基礎研究を行いました。生体内で分解吸収される材料（ポリグリコール酸繊維やコラーゲンスポンジ）の中にラットの骨髄間質細胞を播種し、三次元的培養を行った後にそれらを移植。走査電子顕微鏡による観察および生化学や組織学の観点からの研究を行いました。

また、口腔病理学、図解口腔病理学の分野において、多くの教科書（『口腔病理カラーアトラス』医歯薬出版 等）も執筆させていただきました。

さまざまな研究で作成した資料のうち、とくに光学顕微鏡で撮影した顎骨の組織などは、現在ではなかなか入手できない、貴重な画像となりました。昔と比べて、現代は本人や遺族の許可を得ることが難しくなってしまったためです。そのような意味でも、自分の研究が今後も歯学や病理学の発展に寄与できるのであれば、こんなに嬉しいことはありません。

最後の7年間は歯学部長、大学院研究科長としての業務もあり、講座の教育や研究にあまり時間をとることができず、迷惑をかけてしまいました。しかし、講座の皆さんが頑張ってくれたおかげで、なんとか乗り切ることができました。今も感謝の気持ちでいっぱいです。

平成１４年度からの新カリキュラム、新システムづくり

私が歯学部長となった平成１２年（２０００年）は、ちょうど大学教育の改革ラッシュの時期でした。平成１４年の入学生から「コア・カリキュラム」が実施されることになり、新たな歯学教育システムとカリキュラムを構築する必要があったのです。

文部科学省は、膨大な量の歯科の知識・技術を整理し、社会のニーズの変化に対応して、全ての歯学生が卒業までに修得すべき知識・技能・態度の到達目標を具体的に記載した「モ

デル・コア・カリキュラム」を公表。臨床実習の抜本的改善が求められていたこともあり、臨床実習開始前までに習得すべき知識・技能のレベルも提示されました。

大学の個性化や多様化を図るという目的もあり、各大学はコア・カリキュラムを必要最小限の教育内容とし、さらに教育理念に基づいた選択カリキュラムを用意することになりました。

加えて、同じく平成１４年度から歯科大学・大学歯学部で試行（平成１７年度から正式に実施）される共用試験のＣＢＴ（Computer Based Test：臨床実習開始前の知識評価）と、ＯＳＣＥ（Objective Structured Clinical Examination：臨床実習開始前の技能・態度の評価）を実施するため、準備委員会を立ち上げてＦＤ活動（Faculty Development：教員が授業内容や方法を改善、向上させるための組織的な取り組み）を展開。ＣＢＴ試験にはセキュリティシステムを完備した１５０台のコンピュータを有する教室が必要だったため、その整備も進めていきました。

多部門の調整に奔走したり、新しいシステムを理解するため必死に勉強するなど、いま振り返ってみてもかなりの業務量でした。短期間で大改革を成し遂げるのは大変でしたが、皆様の協力のおかげで、他大学にも決して劣らない教育改革を実現することができました。

また、この期間中、臨床歯科学の教育・診療の高度化を目指し、歯学部附属病院の全面改装も実施されていました。平成１３年に完了し、高レベルの教育環境を整備することができました。

教育・研究環境のレベルアップと、種々の制度改革に取り組む

新しい設備を導入したのですから、それを活用しない手はありません。とくに今後の教育はＩＴ技術を使いこなす必要があると考え、いつでも・どこからでもアクセス可能で、何度でも病理学実習の予習や復習が可能な学習システムを作りました。また、文科省の特別補助金を獲得して、世界最大規模の病理学画像データベースと、学生レポート支援管理システムの構築も行いました。

さらに、文科省の「ハイテク・リサーチセンター整備事業」に申請し、平成１５年度に「口腔・顎顔面関連病変に対する先端医療およびカスタムメード医療を目指した包括的研究」が採択され、歯学部の口腔先端科学研究所がハイテク・リサーチセンターに認定され

ました。そして研究高度化推進特別研究費として獲得した6億5000万円を使い、学部全体の研究レベルを上げることにも成功しました。

他にも、卒業試験の見直しと抜本的改革、教員の任期制度の導入と定年の引き下げなど、着手されずに残っていた課題にも積極的に挑戦しました。

さまざまな改革に取り組む中で私が重視していたのは、愛知学院大学が「総合大学である」という視点です。大学の発展に寄与するためには、歯学部のみではなく全学的立場で課題を見つめ、改革案を模索しなくてはなりません。

その働きが認められたのか、学校法人の評議員となり、法人全体の管理運営にも関わらせていただきました。

日本口腔病理学会の設立に寄与

歯学の発展のため、学外の活動も積極的に行いました。

昭和53年（1978年）、「日本口腔病理研究会」が設立されました。このころ、日本における口腔病理学は、全身を対象とする「病理学会」の一分野でした。しかし、海外ではすでに口腔病理学と全身の病理学は明確に分かれて、それぞれの学会が存在していました。日本もそれに倣うべきであると考え、立ち上げメンバーの一人になったのです。

そして平成2年（１９９０年）、日本口腔病理研究会は「日本口腔病理学会」へと発展し、同年7月4日、ＩＡＯＰ（国際口腔病理学会：International Association of Oral Pathologists）との共催で、東京にて第5回の総会を開催しました。

もちろん、学会の設立には書籍の制作・出版や学会員の確保等、組織の基盤を整えるための資金が必要です。私はいくつもの企業に挨拶回りをして、資金調達に東奔西走しました。苦労もありましたが、無事に学会設立を成した後、山本肇先生が「口腔病理学を学ぶ同学の士が一堂に会し、切磋琢磨する機会ができた」と喜んでくださったことが、たいへん嬉しかったです。

学会設立から8年間は理事長、平成１３年からは英文の学会機関紙「Oral Medicine & Pathology」の編集担当および常任理事を務め、日本の歯科医学を海外に紹介する業務に力を注ぎました。また、平成3年には愛知学院大学で第2回日本口腔病理学会の主催を務めました。

そうした活動が実を結び、平成１８年には「日本臨床口腔病理学会」への名称変更とともに、任意学術団体から特定非営利活動法人となり、会員数も530人を超えました。

他にも、日本病理学会や歯科基礎医学会、日本口腔科学会、日本顎関節学会、日本口腔腫瘍学会、日本口腔病理学会など、多くの学会活動に参加し、理事や評議員などの役員を務めさせていただきました。

また、厚生労働省の医療関係者審議会専門委員、文部科学省の学術審議会専門員、日本歯科医学会評議委員会議長、愛知県警察歯科医会顧問、愛知県健康づくり振興事業団理事といった社会活動にも携わらせていただきました。

研究成果を英語で発表する重要性について

私は学生時代、英会話は得意でしたが、英語での論文執筆には苦労しました。担当教授にいつも20回くらいチェックを受けて、ようやく投稿許可をもらっていたのです。そのおかげで、自分の研究目的や方法、結果や考察を明瞭に、スムーズに表現できるようになりました。

論文を英語で書くことの難しさ、大変さはよく理解しています。

それでも私は、日本の学生たちに「論文は英語で書きなさい」と言い続けてきました。

マニトバ大学にいたころ、異なる専門分野の教授から「抄録を見て興味を引かれたので取り寄せたが、本文は全部日本語だった。読めないからお前にやる」と言われて、論文を突き出されたことがありました。

私は日本語の論文を読むことはできますが、分野が異なる内容は理解できませんし、自分の研究にも役に立ちません。正直に「いりません」と答えると、教授は「そうか」と言って、躊躇なく論文をゴミ箱に放り投げて、去っていきました。

そのとき、私はとても苦い気分になりました。

「日本語で書いた論文は、世界では読まれないんだな……」

分野が違うとはいえ、その論文は自分と同じ日本人の研究者が一生懸命研究し、海外の教授の興味を引くような成果を出して、少なくない時間をかけてまとめたものです。それなのに「日本語だから読めない」「英語ではないからわからない」という理由だけで、内容をまったく確認されず廃棄されてしまう。そんなことが、何度かありました。

論文は、他者に読まれてこそ価値があるものです。仮に国内で評価されたとしても、日本語のみで書かれた論文は、海外では読んでもらえません。英語で書いた抄録に興味を持っても、本文がすべて日本語であれば、わざわざ翻訳してまで読もうとは思わないのです。その時は、その論文が読めないことを多少は残念に思ってくれるかもしれませんが、論文は他にもたくさんあるため、すぐに忘れ去られてしまうでしょう。

つまり、世界にとって「英語で書かれていない論文」は、存在しないものと同じなのです。英語で書いていれば、ゴミ箱に捨てられることもなく、世界中の人々に読んでもらえて、その分野の発展に貢献できます。

英語で書く。たったそれだけのことで、研究の価値が大きく変わるのです。

私は、帰国してからもずっと、論文は英語で執筆してきました。英文論文は約90本、英文での国内学会発表も約150件にのぼります。そのせいか、学生や他の先生からは「英語の亀さん」と呼ばれていました。

現代日本の歯科教育の課題

日本の歯学における教育や研究の課題は、英語だけではありません。とくに教育においいては、早急に現代社会のニーズに合致したものへと刷新していく必要があると考えています。

たとえば、総入れ歯に関する教育です。

私が学生の頃は、歯が一本もない高齢者は珍しくありませんでした。そのため、歯科医院で総入れ歯を作ってほしいと希望される患者さんは大勢いましたし、教育現場でも重視されていました。

ところが現代では、８０２０運動の普及とともに、歯が一本もない患者さんは年々減っています。それ自体は喜ばしいことですが、カリキュラムに総入れ歯の製作実習があれば、どうにかして実施しなくてはなりません。地方の大学では「モデルとなる患者さんがおらず、東京に行って実習した」という話を耳にしたこともあり、社会における必要性と教育現場での労力が見合っていないと感じました。

一方で、新たなニーズに対応できる、新しい教育の導入も重要です。

たとえば、近年は慢性疾患を抱えている高齢の患者さんが増えてきました。

心臓疾患の治療で血液をサラサラにする薬を服用している患者さんや、糖尿病で免疫力が低下して感染しやすい状態になっている患者さん、腎臓病のため抗生物質や鎮痛剤に制限がある患者さんもいます。そうした方々の歯科治療には特別な注意が必要ですし、高血圧症や骨粗しょう症の患者さんにも、配慮すべき点がいくつもあります。そのための知識を、もっと教育の場で伝えていくべきです。

また、通院が難しい患者さんへの訪問歯科も、年々ニーズが高まっています。とくに寝たきりの方は歯磨きがうまくできないため、虫歯や歯周炎になりやすいことから、食べ物を咀嚼したり飲み込んだりする機能が低下しやすい傾向にあります。すると、栄養不足に陥る、誤嚥性肺炎になるといったリスクが高まってしまうため、口腔衛生状態の維持が重要となるのです。

歯並びが悪い患者さんも、咀嚼や嚥下に悪影響が出ます。それだけではなく、発音がしにくかったり、見た目の悪さからコンプレックスになるなど、個々の問題に対する細やかなケアが求められます。

しかし現在、大学ではこれらの教育が十分に行われていません。

希望者が増加しているインプラント治療も、学生のうちにしっかりと技術を身につけておく必要があるでしょう。近年はインプラント学を導入している歯学部が増えましたが、教育体制や研究範囲は、大学によって差が生じている状態です。これを解消するために、卒業までに到達すべきインプラント学のレベルを定める必要があると感じています。

良い歯科医師とは

私は平成19年（2007年）3月31日に、愛知学院大学を定年退職しました。帰国してから30年間、立派な歯科医師を育成するために、変わらず抱き続けていた信念があります。

明確な目的意識と使命感を有する人材を育てること、です。

最後の講義では、学生に次のようなメッセージをおくりました。

「勉強したことを、ゆっくりと消化していきなさい」
「信念を持って努力し、人生に対して情熱的でありなさい」

私が学生の頃、歯科医師の人数は圧倒的に足りない状態でした。それから70年以上が経ったいま、「歯科の開業医の人数は、コンビニエンスストアよりも多い」といわれるほど増えました。明らかな供給過多となったため、厚生労働省は歯科医師の人数を減らすために、歯科医師国家試験の合格者を制限しています。そのため、毎年3000人以上の受験者がいますが、合格者は約2000人程度にとどまっています。

そんな厳しい試験に合格して開業しても、成功するとは限りません。とくに都市部は歯科医院の数が多いため、患者さんの取り合いになっています。

「口腔疾患に対する正しい知識と、確かな治療技術さえあれば、患者さんに信頼されるだろう」

このような考えは、もはや通用しません。患者さんに信頼される「良い歯医者さん」にならなければ、すぐに潰れてしまうでしょう。

では、良い歯医者さんとは、どのような歯科医師か。

虫歯を削っている時、患者さんが「痛い」と訴えてきたら、歯科医師はどうするべきだと思いますか。

通常は麻酔を追加し、痛みを軽減する処置を行ってから、治療を再開します。

しかし、麻酔をしても痛みが完全になくなるとは限りません。そして、患者さんにとって「良い歯科医師」とは、「痛くない治療をしてくれる歯科医師」です。

虫歯の除去をそこで止めて、詰め物や被せ物を装着してしまえば、それ以上の痛みを与えずに、見た目には完璧に治療を終えることができます。患者さんは虫歯が残っているとは思いませんから「痛くない治療をしてくれた」と喜び、歯科医院の評判は上がるでしょう。ですが、その行為には歯科医師としての誇りも、信念もありません。それでは到底「良い歯医者さん」とは言えません。

昔、日本人にとって歯科医院は「むし歯を治すところ」でしたが、現代は定期的な口腔メンテナンスや、見た目をきれいにするなど、虫歯の治療以外の目的で来院される人が増えました。また、先述したように、慢性疾患を抱えた患者さんに対する十分な配慮がなければ患者さんの信頼は得られず、重大なトラブルに繋がるリスクもあります。

患者さんのニーズが多様化したことで、歯科医師が学ぶべき範囲は広がりました。社会の情報化によって、学びたいことが生じたときに「どうすれば学べるのか」は、すぐに見つけることができます。

だからこそ、何を学べばいいのか、どこまで学べばいいのか、わからなくなることもあるでしょう。

そのようなときに指針となるのが「明確な目的意識」と「使命感」です。

何のために幅広い分野を学び、知識と技術を身につけるのか。

それは「歯科医師として誇りを持って、口腔に病気がある患者さんを診るため」であるべきです。

国家試験に合格して歯科医師になることは、スタートであり、ゴールではありません。

自分はどのような歯科医師になりたいのか。そのためには自分に何が不足していて、どうすればその問題を解消できるのか。

私は、歯学部の学生は在学中にそれらを定めて、必要な学びを得るために、学生自身が積極的に、大学や教員に要望を出していくべきだと考えています。かつて、私に「英文の論文を読みたいが、自力では難しいので教えてほしい」と申し出てきた優秀な学生たちのように。

歯学は、応用の学問です。大学で学んだことだけでは十分な対応ができません。だからこそ、大学の中だけはなく、さまざまな場所に自ら赴き、体験して、良い治療とは何か、良い歯科医師とはどのような人物か、貪欲に追求してくれることを願っています。

「瑞宝中綬章」を綬章

退職して9年目。2015年に瑞宝中綬章を授与されるという栄誉に恵まれました。大学での教育と研究の功績が認められたのです。

皇居に赴き、天皇陛下から労いのお言葉をいただいたときは、マニトバ大学や愛知学院大学でのさまざまな思い出が頭をよぎり、とても感慨深い気持ちになりました。

「歯科医院を開業し、治療者になる選択肢もあった。けれど、自分はこの道を進んで来て良かったのだ」と。

また、病理学講座の同門会が、祝賀会を開いてくれました。かつての教え子たちや、お世話になった先生方など、60人以上もの関係者が集まってくださいました。久しぶりの再会と懐かしい顔ぶれに、いつまでも話が尽きないほど、楽しい時間を過ごすことができました。

その後、息子たちの計画で、親族を集めたお祝いの会が東京で開催されました。

最後の挨拶で、妹は

「両親がこの席にいたら、どんなに喜んだことでしょう」

２０１５年　瑞宝中綬章を受章

瑞宝中綬章（教育研究功労）

愛知学院大名誉教授　亀山洋一郎さん（78）

歯周病など解明を研究

口腔病理学を長年研究し、愛知学院大（日進市）をはじめ各地の大学で教壇に立ってきた。

東京都出身。歯科医師だった父の医院を継ぐため、東京医科歯科大に進んだ。学生時代、夏休み中に読もうと口腔病理学の本を教室に借りに行った。すると教授から「学びたければ本を読むだけでは駄目だ」と言われ、研究を手伝うようになった。やがて「臨床医より研究が自分には向いている」と感じ、研究の道に進んだ。

歯周病や顎《がく》関節症、口腔腫瘍などを研究し、原因解明や治療に貢献してきた。「ライオンは牙を失えば死んでしまう。人間も、栄養を取るためには歯や口が健康でなければ」と説く。

「多くの人との出会いがあったからこそ、今の自分がある」と感謝している。日進市岩崎町。（堀井聡子）

2015年11月3日　中日新聞「秋の叙勲　長年の歩みに光」

日本国天皇は亀山洋一郎に
瑞寳中綬章を授与する
皇居において璽をおさせる
平成二十七年十一月三日
内閣総理大臣 安倍晋三
内閣府賞勲局長 幸田徳之

と、涙を浮かべました。

確かに、その通りでした。私が東京医科歯科大学に入学したときや、アラバマ大学への留学が決まったとき、大学院を修了して助教授から教授へ、学部長になったときも、両親はいつも「亀山家の誇りだ」と、喜んでくれました。

（きっと今も、喜んでくれているに違いない）

私が瑞宝中綬章を受章できたのは、マイペースながらも着実に歩みを進めていった父と、勉学に対する情熱が強かった母の、それぞれの良い面を受け継いだおかげに違いありません。父と母の子として生まれたことを、改めて感謝しました。

家族に感謝

最後に、これまで私を支えてくれた家族について、話をさせてください。

私が教育や研究を続けることができたのは、妻・美里の支えがあったからです。

妻とは、東京医科歯科大学で出会いました。歯学部には、歯科医師を目指す学生６０人のほかに、歯科衛生士を目指す２０人のクラスがありました。彼女はその一人でした。

同じ大学病院で一緒に学んでいれば、話す機会は何度もありますし、互いに顔と名前も覚えていきます。そうした積み重ねから恋人になり、結婚したカップルは私を含めて4組ありました。

きっかけは、妻が日本舞踊をやっており、その公演のチケットを「自分は予定が入ってしまい、行けなくなったから」と友人から譲り受けて、見に行ったことです。そのときから少しずつ意識するようになり、アラバマ大学への留学が決まったころには、付き合いが始まっていました。

初めてのデートのとき、私は彼女にこう言いました。

「うちは歯科医院を経営しているけれど、患者が少ない貧乏歯医者だ。妹が3人いるけれど、3人とも一生独身だと言っている」

交際相手としては、最低の条件です。普通なら、関係を考え直すでしょう。ところが彼女は、驚きはしたものの別れを切り出したりはせず、受け入れてくれました。

結婚したのは、大学院3年生のときです。新婚旅行から戻ってすぐ、私は東京案内をさせていただいたバータランフィ教授に、結婚を報告する絵ハガキを送りました。それから間もなくして、マニトバ大学医学部解剖学教室の助教授へのお誘いをいただいたのです。

それからの日々は、目が回るような忙しさでした。私は博士論文の執筆がありましたし、修了後は7月まで東京医科歯科大学歯学部で副手として勤めながら、マニトバ大学へ行くための準備を進めていました。妻は、私の大学院修了と同じ年の3月に長男を出産。首がすわって落ち着くまで日本に残り、９月にカナダにやってきました。

生まれたばかりの子どもを連れて、初めての海外生活です。かなりの不安があったと思います。私も最初は不安でしたが、すばらしい隣人に恵まれたおかげで、妻も「カナダで子育てができて良かった」と言ってくれました。

カナダ人はのんびりした性格の人が多く、近所のママ友が子どもを連れて集まり、料理を教え合ったり、子ども服の作り方を一緒に学んだり、「買い物に行くので、うちの子を見ていてくれますか」とお願いしたりされたりするなど、あたたかいコミュニティが形成されていました。

長男が塗り絵で遊んでいるうちに自然とアルファベットを覚えると、

「どうやって子どもにアルファベットを教えたんですか？」

と、カナダ人のママ友が日本人の妻に質問してきたという笑い話もあります。

2年後には次男も生まれて、長男は7歳、次男は5歳まで、カナダで育ちました。

私がマニドバ大学を退職して帰国した後、料理を教わっていた年配の女性から、手紙が届きました。そこには「カナダの母より」と書かれており、本当に家族のように思ってくれていたのだと、妻は目を潤ませていました。

今、カナダに行っても、おそらくそうしたコミュニティには入れないでしょう。一生の中で、幼い子どもを育てる時期にしか体験できない、とても楽しく幸せな時間を過ごすことができたのです。私は大学の講義や研究で忙しく、家族のために十分な時間を作ることが難しかったため、妻と息子たちを支えてくれた近所の皆さまは本当にありがたく、かけがえのない存在でした。

その後も、私は新潟や徳島、長崎といった遠方の大学の非常勤講師になったり、学会活動や社会活動などで日々忙しく動き回っていました。妻はそんな私をサポートしながら、息子たちを育ててくれました。

息子たちが立派に巣立った今も、妻は私の隣にいてくれています。

インタビューを受けると、時折、次のような質問をいただくことがあります。

「教育者、研究者として、今日まで続けてこられた理由は何ですか」

私はいつも、ひと言でお答えしています。

「妻が支えてくれたからです」

あとがき

本書の執筆にあたり「当時の写真はありませんか？」と、何度か質問をいただきました。確かに、たくさんの写真を掲載できれば、読者の皆さまにも当時の様子をより明確に伝えることができたと思います。

しかし残念なことに、私はあまり写真を残していませんでした。

アラバマ大学でインターン・レジデントとして過ごした2年間、私は初めて渡ったアメリカで、なんとか時間をつくってさまざまな場所に行き、たくさんの写真を撮りました。帰国したとき、家族や友人に土産話とともに見せれば、楽しんでもらえると思っていたのです。

ところが、それらの写真をスライドにして見せても、誰も、まったく関心を持ってくれませんでした。自分とは何の関係もない、まったく馴染みのない場所の写真を見せられて、説明されても、別段感動することはなかったのです。

私は皆の反応に大層落胆してしまい、マニトバ大学で教鞭をとっている間は、ほとんど写真を撮りませんでした。

当時は、自分が晩年に自伝を出版するなど、露ほども思っていませんでした。仕方のないこととはいえ、もっと写真をとっておけば良かったと、少し残念に思います。

聖路加国際病院名誉院長の日野原重明先生の言葉に「出会いは、私たちが後天的に獲得する財産である。」というものがあります。

今回、己の人生を改めて振り返ることで、この言葉を強く実感しました。

私に最初の海外留学のチャンスをくれたのは、東京医科歯科大学のＥＳＳ部にご協力くださったキーン女史とコールマン氏でした。そして、大学院には山本肇先生が導いてくださり、その中でバータランフィ教授とのご縁ができて、マニトバ大学での７年間がありました。

帰国後は東京で開業するつもりだった私を、愛知学院大学にご紹介してくださった石川梧朗先生、私を迎え入れてくださった岡本清櫻先生と武井盈先生、そして小出忠孝学長、歯学部と病理学講座の皆さまのおかげで、３０年間という長いあいだ、教育と研究に携わることができました。

その他にも、数えきれないほど多くの方々のご協力やご支援をいただき、今の私があります。

私と出会い、すばらしい影響を与えてくださった全ての方々に、心から感謝申し上げます。本当にありがとうございました。また、すでに他界された方々には、その魂が安らかであることを深くお祈り申し上げます。

最後に、お世話になりました皆様のご健勝と、今後ますますのご活躍をお祈りして、筆をおかせていただきます。

亀山洋一郎

2025年1月

学歴

昭和32年　4月　東京医科歯科大学歯学部入学
昭和38年　3月　東京医科歯科大学歯学部卒業　（7月：歯科医師免許証）
昭和38年　4月　東京医科歯科大学大学院歯学研究科（口腔病理学専攻）入学
昭和38年　8月　東京医科歯科大学大学院歯学研究科　休学
昭和38年　9月　米国アラバマ大学歯学部（歯周病学）インターン・レジデント
昭和40年　8月　東京医科歯科大学大学院歯学研究科　復学
昭和44年　3月　東京医科歯科大学大学院歯学研究科　修了　歯学博士
昭和44年11月　死体解剖資格認定証明書
平成　元年　2月　認定口腔病理医

職歴

昭和44年4月　東京医科歯科大学歯学部（歯周病学）副手
昭和44年7月　カナダ、マニトバ大学医学部　助教授（解剖学）
昭和49年7月　カナダ、マニトバ大学医学部　准教授（解剖学）

昭和５２年１月　愛知学院大学歯学部　助教授（病理学）
昭和５２年４月　岩手医科大学歯学部　非常勤講師（歯周病学）～昭和５３年３月
昭和５２年４月　東京医科歯科大学歯学部　非常勤講師（口腔病理学）～昭和５３年３月
昭和５４年４月　愛知学院大学歯学部　教授（病理学）
昭和５５年４月　東京大学医学部　非常勤講師（解剖学）～昭和５６年３月
昭和５７年４月　徳島大学歯学部　非常勤講師（口腔病理学）～昭和５９年３月
昭和６０年４月　名古屋大学医学部　非常勤講師（口腔外科学）～平成元年３月
昭和６１年４月　新潟大学歯学部　非常勤講師（口腔病理学）～昭和６３年３月
平成　５年４月　藤田保健衛生大学医学部　客員教授（歯科口腔外科学）～平成８年３月
平成　８年４月　長崎大学歯学部　非常勤講師（歯周病学）～平成１２年３月
平成１０年４月　藤田保健衛生大学医学部　客員教授（歯科口腔外科学）～平成１９年３月
平成１１年３月　愛知学院大学歯学部長・大学院歯学研究科長代行　～平成１１年６月
平成１１年４月　愛知学院大学口腔先端科学研究所　所長　～平成１２年３月
平成１２年４月　愛知学院大学歯学部長
平成１２年４月　愛知学院大学大学院歯学研究科長

平成１２年　４月　学校法人愛知学院　評議員
平成１３年　８月　モンゴル国立医科大学　客員教授
平成１５年　４月　東京医科歯科大学大学院医歯学総合研究科　非常勤講師（分子病態学）
〜平成１６年３月
平成１５年　９月　山梨大学医学部　非常勤講師（歯科口腔外科学）〜平成１８年３月
平成１７年　４月　愛知学院大学心身科学部、心理学科・健康科学兼担教授
平成１８年　４月　愛知学院大学薬学部、医療薬学科兼担教授
平成１８年１１月　ラオス国立大学医学部　客員教授
令和　３年１０月　学校法人たちばな学園　理学・作業名古屋専門学校校長　現在に至る

学会活動

愛知学院大学歯学会（会長）
日本病理学会（評議員）
歯科基礎医学会（評議員、理事、常任理事）

日本口腔科学会
日本口腔外科学会（評議員、理事、常任理事）
日本歯周病学会（評議員、理事、常任理事）
日本口腔病理学会（評議員、理事、理事長）
日本顎関節学会（評議員、理事、常任理事）
日本口腔粘膜学会（評議員、理事）
日本歯科医学教育学会（評議員、理事、常任理事）
日本口腔腫瘍学会（評議員、理事）
日本口腔顎顔面外傷学会（評議員、理事）
日本歯科医学会（評議員、評議委員会議長）
国際口腔インプラント会議日本部会（理事）
JADR 学会（評議員、理事）
IADR 学会
IAOP 学会
AAOP 学会

■著者プロフィール
亀山洋一郎
昭和11年東京都生まれ。
昭和38年 東京医科歯科大学歯学部卒業
昭和44年 東京医科歯科大学大学院歯学研究科修了　歯学博士
昭和49年 カナダ、マニトバ大学医学部　准教授（解剖学）
昭和55年 東京大学医学部　非常勤講師（解剖学）～昭和５６年３月
平成11年 愛知学院大学歯学部長・大学院歯学研究科長代行
平成13年 モンゴル国立医科大学　客員教授
平成18年 ラオス国立大学医学部　客員教授
令和 3年 学校法人たちばな学園　理学・作業名古屋専門学校校長

人との出会いが、路をつくる
―国内外で口腔病理学の研究と教育に没頭した４４年間の回想録―

2025年2月1日　第一刷発行
著　者――亀山洋一郎
発行者――高木　伸浩
発行所――ライティング株式会社
〒603-8313　京都府京都市北区紫野下柏野町22-29
TEL：075-467-8500　FAX：075-468-6622
発売所――株式会社星雲社（共同出版社・流通責任出版社）
〒112-0005　東京都文京区水道1-3-30
TEL：03-3868-3275

印刷製本：有限会社ニシダ印刷製本
編集協力：酒井若菜　　カバーデザイン：横野由実

ISBN：978-4-434-35399-4　C0023　¥1500E